HUAWEN XUEYUAN
YANJIU

华文学院研究

徐书墨 著

人民出版社

目　录

摘　要

20 世纪初,一所美国的华文学院出现在中国北京,时值西方传教运动复兴。经过 30 年的时间,"华文学院"从汉语学校逐渐发展成为一个对中国文化进行研究的中心。华文学院成长见证了第二次世界大战前后的中美关系、中日关系以及远东局势的发展,它的成长也体现了美国中国学从传教士汉学向学院化中国学转变的过程。

我们应该感谢美国加利福尼亚州克莱蒙大学研究院(Claremont Graduate University)的约翰·里根(John Regan),正是因为好奇心驱使他为我们打开了一座沉睡近一个世纪的历史宝库。那是 1996 年,约翰·里根教授在学校图书馆的地下室查阅资料时,偶然发现二十几个布满灰尘的箱子。箱子内的资料记载了 19 世纪末到 20 世纪中叶存在于中国北京的一所学院——华文学院(The College of Chinese Studies)。资料里涉及华文学院诸多方面的信息,涉及了中美关系、中日关系、日美关系,这些资料填补了历史空白。这些史料的发现为中国近现代史、美国教育史、中美关系史、美国现代中国学以及文化教育研究等诸多领域提供了翔实的资料。

读者可能会问,华文学院从 19 世纪末在北京始创,至 1949 年被迫关闭,这么长时间为什么人们不知道有这样一批资料存在,竟让它沉睡数十年?为什么它会存放在美国克莱蒙大学图书馆?原因有二。一则,华文学院是一所美国人在华建立的中国文化研究机构,主要进行汉语教学和中国研究。1937 年,日本发动侵华战争,该校的正常运作受到了阻碍,尤其在"珍珠港事件"之后,该校院长裴德士(William Bacon Pettus)分析了复杂的国际形势,从而意识到该学院正常运行的基本条件已经无法保证。于是,裴德士返回美国,积极与高等学校及学术机构取得联系,希望通过合作将华文学院迁回美国继续办学。裴德士及其领导的华文学院得到了加州学界的热烈欢迎,学院在 1939 年落户加州大学伯克利分校,成为"第二次世界大战"时期赴华美军军官的汉语学习和文化培训基地。学院的大量资料和图书馆的藏书也被分批运回美国,这一过程得到了时任美军驻华总司令史迪威(Joseph Warren Stilwell)将军的大力支持。20 世纪 40 年代中期以后,裴德士院长一直努力在中国恢复该学院。直至中华人民共和国成立,具有教会背景的华文学院复校的愿望成为泡影。1949 年,华文学院在北京的校园被中国政府接管,其美国的董事会也最终解体。受"冷战"影响,中国政府排斥美国留下的一切"遗毒",而美国也在相当长的时间里回避中国问题研究,尤其在"麦卡锡主义"笼罩下,中国学被打入"冷宫"。这就是这笔宝贵的历史资料沉睡百年的原因之一。二则,20 世纪 60 年代,华文学院的董事会最终在美国加州克莱蒙大学解体,董事会将该校的全部档案资料和华文学院图书馆的部分藏书(大概 5000 余册),移交给克莱蒙大学保存。目前,这些档案已经成为美国加利福尼亚州克莱蒙大学哈诺德图书馆(Honnold Library)里最重要的特别典藏(www.cgu.edu),其中大部分英文文献和资料由"特别藏书"(Special Collection)部门管理,中文藏书被放置在一个图书密室,并由图书馆亚洲研究部管理。里根教授发现这笔资料是偶然的,也是必然的。随着中美关系不断升温,尤其在"冷战"结束后,美国对中国的关注程度与日俱增,大量研究机构、智囊集团以及学者对中国研究产生浓厚的兴趣。那么,曾经在中美关系研究以及美国的中国研究上盛极一时的华文学院浮出水面也是历史的必然。

华文学院成立于1910年,是由美国和英国教会共同创办的一所汉语学校。最初的目的是为当时在华的西方传教士、商人、外交官学习汉语服务,其主要职能是辅助美国在华的传教事业,然而它客观上却影响了美国早期的传教士汉学。一些来华传教士通过学习汉语和中国文化,将其所见、所闻、所感形成文字并传到美国。1916年,中国青年基督教会(YMCA)派裴德士前往华文学院担任校长。裴德士毕业于哥伦比亚大学,来华后在金陵大学汉语系学习汉语,后入德国汉堡大学学习汉语言文学及教学法。裴德士任校长后,对学校进行了大刀阔斧的改革,将一所语言学校改造成美国在华十分重要的中国学学院。1924年,哈佛大学根据美国铝业大王霍尔遗嘱的要求,要在中国寻找一个合作伙伴,以共同承担遗嘱留下的"海外教育基金"遗产方式,建立一个机构来进行中国问题研究。当时的华文学院以其中国学方面的研究专长,成为哈佛考察合作的第一候选人。燕京大学为了合法地参与到遗产继承方案之中,与华文学院达成合校协议。最终,哈佛大学与合校后的燕京大学(华文学院并入燕京大学)合作成立了"哈佛燕京学社"。华文学院和燕京大学的合作是短暂的,由于办学理念和资金等方面的原因,在哈佛燕京学社成立后不久,燕京大学与华文学院的合作终止。裴德士院长重返美国寻找新的资金支持,他惊喜地发现美国西部学术界对中国研究十分感兴趣,并给予他极大的资助,加州的数十所高等学校成立了"加州大学在中国"基金(California College in China Foundation)。与美国加州诸大学的合作,为华文学院的发展迎来了一个大好的契机,而华文学院也为美西中国学学院化的形成助力。第二次世界大战结束后,由于各种原因,导致华文学院重返中国继续办学的计划最终没能实现,其保留下来的历史资料也在岁月流失中静静地安睡了近一个世纪。

Abstract

The late 19th century to early 20th century, an American Academy institute was founded in Beijing, China, the time when the Western missionary movement revived. After three decades, the College of Chinese Studies had changed, evolved from the Chinese language school to a research center of Chinese culture. It is the prove of the growth of Sino-US relations before and after the Second World War, the Sino-Japanese relations and the development of the situation in the Far East, its growth is also reflected the process of Chinese Studies from missionary-style Sinology changes to Academic-style.

We should thank John Regan from Claremont Graduate University, precisely because of his curiosity, he opened some old treasures. That was in 1996, Professor John Regan happened to find two dozen boxes covered by dust in the basement of the school Library. The information of the materials in the boxes recorded a college in Beijing within the 19th and 20th century—The College of Chinese Studies. Information in many aspects related to the Sino-US relations, Sino-Japanese relations, Japan-US relations. It seems to fill the gaps in academic history. The historical discovery of the modern history of China, provided full and accurate information for the U. S. education history, the history of Sino-US relations, the U. S. science and modern Chinese culture and education and research fields. Readers may ask, for so long why people do not know the existence of such a group of data, actually let it sleep for decades? Why is it stored in the Library of Claremont Colleges in the U.S?

First, the College of Chinese Studies was an American language School of Chinese culture in assembling research institutions, mainly for Chinese language teaching and Chinese Studies. In 1937, Japan launched the war of aggression against China, the normal operation of the school has been hampered, especially after the "Pearl Harbor". The principal of the College William Bacon Pettus realized that the normal operation of the Institute can no longer guarantee the basic conditions. As a result, William Bacon Pettus returned to the U. S. , hoped to move back through the cooperation of Academy in United States to continue running. Mr. Pettus and the College has been warmly welcomed by scholars and Universities of California. It was settled in Berkeley in 1939, and became a language and culture training base during World War II. All the wealth of College information and library books have been shipped in batches to the United States, this process has been supported by the former head of U. S. Embassy Stilwell (Joseph Warren Stilwell). After the mid-40s of the 20th century, Mr. Pettus principals has been working to restore the College in China. Until the founding of the People's Republic of China, the College was shut dowm finally.

In 1949, the Chinese Government took over the campus, its board of directors has the ultimate disintegration of the United States. By the Cold war effect, the Chinese government rejected the U. S. to leave any legacy of the United States. And for a long time Chinese Studies was evaded by American, especially in McCarthyism. That is why such valuable information on sleep for hundred of years. Second, by 1960s, the board of the College finally disintegrated in Claremont Colleges. All the archival material and some library collection (about 5,000 copies) of the College was transferred to Clermont Colleges. Currently, these files have become the most important special collection of Claremont Honnold library, Claremont Colleges and managed by the Department of Asian Studies. Professor Regan found this information by accident, and it is inevitable. With the continued warming of Sino-US relations, especially after the Cold war, the U. S. focus on China increasingly. Large number of research institutions, think tanks and academics got a strong interest in Chinese studies. So, surface of the College is also a tremendously historical necessity.

The College of Chinese Studies was founded in 1910. The purpose of the first time was to train western missionaries, businessmen, diplomats learning Chinese, whose main function was to assist the United States mission in China. However, it has affected early American missionaries Sinology. Some missionaries formed what they saw, heard and felt words to the U. S through learning Chinese and Chinese culture 1916, China Youth Christian Council (YMCA) sent Mr. Pettus to serve as a principal of the College. Mr. Pettus graduated from Columbia University. and learned Chinese in the University of Nanking after came to China. Then Mr. Pettus went to University of Hamburg to learn Chinese Language and Literature. In 1924, the College of Chinese Studies in the research of its expertise, to become the first study co-candidate of Harvard University. Yenching University decided to cooperate with the College in order to legally participate in inheritance programs. In the end, the co-established Harvard-Yenching Institute was founded. The co-operation was short, because the teaching and learning resources and some other reasons. Mr. Pettus returned to the United States to find new financial support, and he was pleasantly surprised to find that the western of United States is very interested in Chinese Studies. Dozens of colleges and universities in California, established the California Colleges in China Foundation. With the cooperation of the Universities of California, the College came through a development of Golden time. After the World War II. with a variety of reasons, the College finally closed and its historical data is also preserved in the quiet days of lost sleep for nearly a century.

Preface

In recent years my family has reconnected with China. My daughter, Sarah Elizabeth Pettus, studied Mandarin in Taiwan in 1989 and later worked for a year in each of Shijiazhuang, Taian, and Beijing. She returned to the U. S. and taught Mandarin for two years and then did graduate work at Berkeley in Asian studies. I visited her in China in December of 1992 and my son and I spent a summer in China with her in 1994. These visits, as well as the time grandfather's and father's experiences in China were instrumental in my deciding to work here. I have spent the last ten years in Beijing teaching mathematics to American high school students.

I met Xu Shumo in 2006. Several years later she learned that in 1910 In Beijing my grandfather had built and was president of The College of Chinese Studies for the next four decades. This college consisted of a 3 – story academic building, two dormitories, several faculty houses, and resort houses in both the Western Hills and Houhai. Xu Shumo and I visited the old campus and checked out the academic building, the dormitories, and an old faculty apartment in one of the dormitories. At this time Xu Shumo decided to see if her faculty advisor would allow her to write her PhD dissertation on my grandfather, William Bacon Pettus. She wrote to the provost, Yi Feng, at the Claremont Colleges, where granddad had deposited and endowed the books and records of his time in Beijing. With the assistance of letters by me, Claremont College helped Xu Shumo obtain a visa to study in California and get started on her research. I was of course very excited that Xu Shumo decided to study granddad and I am impressed with her dissertation.

Until recently I knew little of granddad except that he lived most of his life in China and that he was President of a college. In the 1990s, Australian John Regan and Chinese scholar Weijiang Zhang started studying granddad. The papers they published started filling in gaps in my knowledge. Then Xu Shumo filled in more gaps. Granddad's close connections and work with persons such as Pearl Buck, General Joseph Stillwell, Hu Shih, Leighton Stuart, John Fairbank, and others gave me new insights into the importance of his years in China.

My father and uncle were born in Shanghai and Nanjing and raised at the college in Beijing. My uncle, William Winston Pettus, followed in granddad's footsteps and spent many years in the 1930s and 1940s as Professor of Surgery with Yale-in-China in the cities of Changsha, Guizhou, and Chungqing. After graduating from Peking American School in 1926 my father, John DeForest Pettus, left Beijing to attend college in the U. S. and only returned on a trip in 1948 to distribute money he had raised for missionaries.

I am grateful that Xu Shumo has taken an interest in granddad and added to the research into his life and work in China.

Tim Pettus

1 前 言

1.1 选题缘由:必然中的偶然

1.1.1 国内研究现状与我们的学术努力

从 20 世纪 80 年代中期开始,国内出现了翻译出版海外汉学著作的"热潮"。大量的译著在这一时期得以出版,如"国外中国学研究译丛"、"中国近代史研究译丛"、"海外中国研究丛书"、"海外汉学丛书"、"中国文学在国外丛书"、"当代汉学家论著译丛"、"海外中国学研究系列"、"西方视野里的中国形象丛书"、"西方人眼中的中国名著译丛"、"国际汉学研究书系"、"外国人眼中的中国"、"西方发现中国丛书"、"东方文化丛书"等。尽管译著的数量颇为可观,但由于缺乏深入、系统的研究,特别是缺少学术史分析和跨文化探究,使人无法真正建立起对"海外汉学"(中国学)的学术感知。然而,关注于国外汉学(中国学)发展的学者日益发现,这些译著的影响甚微,只能满足一般读者的猎奇,无法为我们在跨文化的语境下反思历史,从国际的视角出发审读中国的发展提供帮助。要使海外汉学(中国学)研究服务于中国政策研究、经济发展、社会进步,就必须与中国的历史文化、社会背景、政治经济相结合,从国际的视角下发现问题和寻求解决问题的方法。正因这种不断深入的学术需求,激励着学人去潜心研究。1995年,人民出版社出版了侯且岸教授的《当代美国的"显学"——美国现代中国学研究》。它是国内第一部系统研究美国现代中国学的专著，书中分析了美国现代中国学的定义、研究对象、研究方法，对美国现代中国学的学术史进行了总体性的探究。与此同时，以国别为单位的海外汉学（中国学）研究成果相继问世，大量的研究著作和文章出版发表。这标志着海外汉学（中国学）进入了学术研究阶段。

诚然，任何一门学问的研究都有一个起步、发展、转向、再发展的漫长曲折的过程。目前，海外汉学（中国学）研究虽然日趋成为一门"显学"，但从其学术发展史的角度来看，对它的研究仍处于起步阶段。作为海外汉学（中国学）研究的中国学者，我们承担着当下的历史责任，我们也就责无旁贷地选择为这个学术史阶段贡献我们应有的力量，也许时过境迁，回头再看，我们今天的学术贡献只是漫漫学术史长河中的一滴水，但是，不可否认的是，这滴水也汇入了学术海洋。

具体到美国现代中国学，目前正面临着机遇和挑战。如前所述，美国现代中国学研究在国内正值起步阶段，对于从事此项研究的学者来说是一个机遇：广阔的学术发展空间可以去自由驰骋，众多有待挖掘的学术领域可以去深入探索。这一点目前来看是显而易见的——国内已有的研究成果多数都处于填补学术空白的学术地位。然而，在看到机遇的同时，我们也必须冷静地认识到，填补空白的阶段，正是我们资料匮乏、学术水平不高的起步阶段。这一阶段要求我们担负起重大的、负有挑战性的学术责任，需要我们创造更多更高质量的学术成果。作为现阶段的研究人员，我们也必须克服自身学术背景不够完备，专业训练不足，掌握外语能力相对较弱等方面的困难，积极创造条件，为美国现代中国学的研究做出贡献。基于对美国现代中国学研究的整体性考虑，客观地审视目前的学术阶段和亟待解决的问题。作者把研究重点放到了美国现代中国学研究的学术史领域。为了克服语言障碍、接触一手资料、走近美国做美国的中国研究,我与国内外相关学术领域的专家教授取得联系,通过学术交流、访问和研究获得了一些基础性材料,为寻找个案研究奠定了一定的基础。

1.1.2 偶得珍宝:关注 20 世纪 30 年代美国中国学的发展

在北京师范大学攻读博士学位以来,在接受"通识教育"(General Education)过程中,我一直在考虑自己的具体研究方向和选题。同时,也利用国际交流合作的机会与更多的美国学者和留学生接触,在与他们交往和学习的过程中我能直接或者间接地感受较深层的美国思想文化,选择跨文化研究的诸多视角,发现新的研究领域。2007 年秋天,在一次参加美国驻华大使雷德(Clark T. Randt, Jr)家的晚宴,我认识了在中国工作的裴天杰(Tim Pettus)先生,交谈中他得知我的学术研究方向和兴趣,向我提及他的祖父裴德士:裴德士是 1906 年以传教士的身份来到中国,作为传教士的他接受欧洲传统的汉学教育,后来成为华文学院的校长,这所学校的校址在北京市东城区朝阳门内大街,目前被国家文化部征用。裴天杰(Tim Pettus)带我参观了这所学校的旧址,我们还采访了住在那里的一位 80 岁高龄的老人,他是文化部退休的老干部。他很激动地告诉我:"这所学校可是有历史的,这是中美文化的见证。你们要呼吁国家对它进行保护。"

应该说裴德士和华文学院对我来说是陌生的,当我把这一惊奇发现汇报给导师侯且岸教授的时候,导师觉得这是一块未开垦的学术领地,而且很可能成为美国中国研究史上一个重要的事件。于是,我和导师都积极地调查相关的资料。可惜的是,我们并没有从各种研究和文献上发现国内对裴德士及这所学校有太多关注。我们唯一发现一篇文章《燕京大学与哈佛燕京学社的建立》（作者樊书华，发表在《美国研究》1999年），当中提及哈佛燕京学术档案中记载，当初哈佛大学合作的两个候选机构中，一个是燕京大学，另外一个就是上文所说的华文学院。从这一点至少可以看出，这所学院在当时从地位上很可能是与燕京大学齐名的。作为一个教育个案，颇有研究价值。

　　与此同时，我们又觉得奇怪，为什么如此重要的机构和人物却没有进入学者的研究视野呢？如同我上面分析的那样，"译介"的局限，沟通的限制，语言的障碍可能都是导致学术研究之路坎坷的原因。幸运的是，通过裴天杰的引荐，我和美国加利福尼亚州的克莱蒙大学专门从事"裴德士与华文学院"研究的机构取得了联系。克莱蒙大学（Claremont Graduate University）的约翰·里根（John Regan）教授是第一个发现"裴德士和华文学院"相关宝贵历史档案的人。1996年，约翰·里根（John Regan）在克莱蒙大学的图书馆地下室发现了装满了华文学院历史档案的二十只纸箱子，长期以来一直对中国问题十分关注的里根教授如获至宝，他开始组织学术团队对这笔宝贵的原始档案进行整理。这些档案记录了华文学院从1910年建立到1949年彻底停办的过程，展现了在两次世界大战的动荡局面下中美关系的侧影。作为美国的中国学研究的"学步者"，我更为关注的是这所学校在美国中国学史上的贡献。通过与里根教授的联系，向他阐述我的关注点，他对我的研究视角很有兴趣。因为美国的学术团队把这所学院当做一个单纯的教育机构来研究，而他们忽略了的是这是一所涉及中国研究的教育机构。而且这一个案是证明美国中国学从传统汉学向中国学转型期间的一个有利的佐证。

在 Tim 和里根教授的帮助下,在学院和导师的支持下,我毅然踏上前往美国(加州克莱蒙大学)的学术征途,从这笔珍贵的档案中寻找历史的轨迹,期待用这一"个案研究"为美国现代中国学研究的学术史建设做一点初步的尝试。

1.2　选题的价值

美国现代中国学研究是海外汉学(中国学)研究的一个重要组成部分,虽然,美国汉学兴起晚于欧洲汉学,但是美国的汉学和中国学发展十分迅速。美国汉学兴起和发展的过程决定了它的内涵与欧洲汉学不同,美国汉学其实已经脱离了欧洲传统汉学的意义,确切地说美国汉学应该称为"美国中国学(中国研究)"。欧洲汉学在传统上是以文献研究和古典研究为中心,而美国汉学的产生和发展同美国资本主义对东方的掠夺、扩张和文化渗透,以及美国的国际战略和对华政策联系在一起,富有浓重的实用主义色彩。然而,不可否认的是美国对中国的关注最早是受到欧洲汉学的影响,所以美国汉学从发展历程上看是经历了从汉学向中国学转变的过程(两个概念存在差别)。如果将美国的中国研究从研究主体角度进行区分,美国汉学经历了传教士汉学阶段、传教士汉学向专业汉学过渡的阶段、学院化汉学阶段;从美国中国学的研究目的角度进行区分,美国的中国研究又经历了汉学和中国学两个阶段。

从学术史着眼,关注美国中国研究的发展历程,对于深入理解美国的中国研究至关重要。关注"裴德士与华文学院"在中国 20世纪前 40 年的发展,可以透过这面历史的镜子,映射出两次世界大战期间美国中国学的研究状态和发展状况。本文通过个案研究,集中再现美国中国学在 20 世纪 30 年代这一特定历史阶段的发展状况，为丰富美国现代中国学研究的学术史做一次初步的尝试。它具有以下几个方面的学术价值。

第一，丰富美国现代中国学研究的学术史构建。

一般认为，目前中国国内学术界对于美国现代中国学的研究还处于起步阶段，对于美国中国学发展脉络的把握还主要是概要性的、粗线条的，尚没有一部关于美国中国学完整的学术史专著。国内目前的研究成果，当举侯且岸教授在 1995 年出版的美国中国学专著《当代美国的"显学"——美国现代中国学研究》（以下简称《显学》）。此书虽然已经出版了十余年，一直被国内学者广为参考和引用。《显学》中大体勾勒了美国现代中国学的发展历程，尤其是重点分析了第二次世界大战以后美国中国学的发展。侯教授把战后的美国中国学发展划分为三个时期，即麦卡锡主义造成的摧残时期、复苏时期和新的发展时期。侯教授还特别关注 20 世纪 30 年代的美国中国研究，虽然在他的专著中并没有对这一部分进行深入探讨，可是他对这一时期的思考和指导却深深地影响了我。以"裴德士和华文学院"为个案，展现 20 世纪 30 年代美国中国学的发展，可以多少弥补这一时期学术史研究的不足。

第二，补充美国现代中国学研究的历史资料。

发现"裴德士与华文学院"的机会是偶然的，但是对于美国现代中国学的关注和研究则是我们的立足点。我利用赴美学习的机会，深入接触"裴德士与华文学院"的档案，整理、分析、研究原始材料，并将这些成果带回中国。这是这项研究的重大意义所在。目前，在美国中国研究领域里还没有学者和机构对这一问题进行深入研究，本文一定程度上会以史学的研究方法，展现"华文学院"在美国中国学、中美政治外交、中美文化交流等方面的贡献。

第三,证实美国西部的中国学之起源和传统。

美国国土广大,在学术发展上往往也存在地理上的划分。我们常常谈及美国中国学便会想到"东部哈佛"、"西部加州伯克利"。本文通过对史料的考察,深入分析"华文学院"对美国西部的中国学兴起的启蒙式影响,同时,通过"华文学院"与"燕京大学"、"哈佛燕京学社"的关系,比较美国东西部中国研究的特色。从而,从地缘的角度分析美国的中国学。

第四,见证传教士汉学向学院化中国学的转变。

美国的汉学传统也经历了由传教士汉学向学院化汉学转变的过程。裴德士本人就是传教士出身,对于裴德士的家族背景、知识结构、教育背景、社会关系、思想变化等方面的考察,深刻反映出美国汉学向中国学转变过程中,(传教士)汉学家的重大的思想转变。20世纪30年代是"华文学院"发展的黄金时期。作为一个客观载体,从一个培养传教士的学校变成一所培养中国学家的专门学院。通过办学宗旨、课程设置、学科划分、培养对象、培养模式等方面的转变,恰恰证实美国汉学向中国学转变的历史过程。

第五,发现最早的一所专门培养美国中国学家的学校。

"华文学院"成立于1910年,校址北京市东城区朝阳门内大街。几经更名:"The North China Union Language School, Beijing","Yenching School of Chinese Studies Beijing","The College of Chinese Studies cooperating with the California College in China, Beijing","The College of Chinese Studies, Beijing"(作者在文中所提及的"华文学院"是其最后的名称的中文译名)

提及美国中国学,业内人士都会公认费正清是"美国中国学之父"。诚然,费正清本人可称为著名的中国学家,他所创立的哈佛东亚研究中心可称为学院化培养中国学家的开始。通过我对"华文学院"的考察发现,"华文学院"可谓是最早培养美国中国学家的学术机构,由于所处的历史时期的局限,这所学院所扮演的历史角色可能难比哈佛东亚研究中心的辉煌,然而,这所学院却在20世纪二三十年代培养了大批人才,他们成为第二次世界大战以后五六十年代卓有成就的中国学家的主体,如:费正清、恒慕义。从这一角度讲,这所学校的存在,为大批美国中国学家的思想启蒙做出了贡献。

"华文学院"的院长裴德士,一生奉献于学校的发展建设。虽然他本人没有中国研究方面的专著,可是作为教育家、外交家、政治活动家的他,对美国中国学的发展,对中美两国人民的友谊,对中美学术界的交流,对美国中国学家的培养都做出了巨大的贡献。我无法用某一特别的称谓来诠释这个人,因为他的功绩属于历史,而我所能做的是在历史的宝藏里努力还原这一历史人物,时间的流逝也许掩盖了浮华,但是历史的真实终将浮现。

第六,搭建中美学术外交的平台。

在考察档案资料的过程中,作者发现"华文学院"是中美之间有效发展学术外交的一个窗口。在这里中美学者之间形成了学术的良性交往,很多知名的中国学人,如:冯友兰、胡适、梁启超、林语堂、徐志摩、周作人、赵元任、梁漱溟等都曾在这所学校里任教,他们与美国的学者,如:孔德思(Arthur Coons)、恒慕义(Arthur William Hummel, Sr)、恒安石(Arthur William Hummel, Jr)等众多西方学者在这里构建起独特的学术交流平台,这不仅推进了中美学术交流,而且为中美民间学术外交做出了积极的贡献。

1.3 国内外研究状况

1.3.1 国内的研究成果

目前,国内美国中国学研究领域还没有关于"裴德士与华文学院"的专著。原因在于,有关这一历史主题的资料是 1996 年才第一次在美国被发现,而且美国学界对这一庞大史料的整理和研究工作也在进行当中。由于国内的中国学研究要大量依靠译介的资料,所以,这一事件没有被国内学人关注也是可以理解的。作者在选题缘由里已经讲到,我关注这一重要问题是有其偶然性的。

国内学术界对于美国中国学研究的学术史研究,已有的相关成果包括:1995 年,人民出版社出版了侯且岸教授的《当代美国的"显学"——美国现代中国学研究》;2004 年,上海古籍出版社出版了朱政惠教授的《美国中国学史研究——海外中国学探索的理论与实践》。另外,北京师范大学政治学与国际关系学院美国现代中国学方向几篇博士论文,也涉及美国中国学史的研究:2007 年,吴二华博士的《"加州学派"研究——20 世纪 80 年代以来美国现代中国学的范式转换》;2007 年,韦磊博士的《美国现代中国学的民族主义取向》;2008 年,李烨博士的《"太平洋学会"研究》;2009 年,管永前博士的《"中国季刊"研究》。这几篇博士论文都从不同的历史时期,从学术史的角度展现了美国现代中国学的研究成果。

1.3.2 国外的研究状况

1996 年,美国加利福尼亚州克莱蒙大学的里根教授在克莱蒙大学图书馆查阅资料时,无意中发现了落满灰尘的 20 个纸箱子,箱子里承载了华文学院的档案,这是一笔巨大而宝贵的历史资料。

于是,他组建了一支专门的学术团队进行史料的整理。原始档案的整理是个基础性工程,经过十几年的工作,整理出版了:

《裴德士与 Dawson's 书店的通信》Correspondence between William B. Pettus, Peking, and Dawson's Book Shop, Los Angeles, Ernest Dawson, Glen Dawson, Geraldine Kelly (Kirby), 1937 – 1940 / Ming Zhou, editor

《裴德士与史迪威的通信》Papers between Dr. William B. Pettus and Gen. Joseph W. Stilwell and the Stilwell family / [edited by] John Easterbrook, John Regan, Weijiang Zhang

《裴德士与司徒雷登的通信》Correspondence between William Bacon Pettus and John Leighton Stuart, William Bacon Pettus and Philip Fugh, 1939–1954 / John L. Fugh, Weijiang Zhang, editors

《赛珍珠与三所教育机构》Studies on Pearl S. Buck from three institutions: Nanjing University, Claremont Graduate University, and Randolph Macon Woman's College / Weijiang Zhang, John Regan, Kejian Pan

1.4　华文学院名称的更迭

华文学院始建于 1910 年,到 1949 年最终关闭。在这 40 年期间,华文学院经历了种种变革,其名称也因为学校的发展转变而先后变更过四次。华文学院是该学校关闭前的正式名称。

华文学院成立于 1910 年,是由英国伦敦教会最先倡导在北京成立的一所传教士汉语培训学校,当时的名称为 The North China Union Language School, Beijing,"华北协和华语学校",这一名称自 1910 年开始使用,直至 1924 年华文学院与燕京大学合作,成为燕京大学的一个独立系而第二次更改。自 1924 年开始,华文学院更名为 Yenching School of Chinese Studies, Beijing, "燕京中国学学院"(1924—1928)。1928 年底华文学院与燕京大学的合作走向瓦解,学院向美国寻求新的合作伙伴,学院与"加州大学在中国"基金会合作,成立 The North Union Language School cooperating with the California College in China, Beijing, "华北协和华语学校与加州大学在中国"(1929—1932)。1932 年,华文学院(the College of Chinese Studies)再次更名为 The College of Chinese Studies cooperating with the California College in China, Beijing, "华文学院与加州大学在中国"(1932—1941)。1942 年,华文学院迁回美国加州大学伯克利分校后再次更名为本文中所一贯使用的 The College of Chinese Studies, "华文学院"(not operating in China, but operating in California College under the name of the California College in China, California),直至华文学院最后停办。这一名称更迭的过程,也恰恰印证了华文学院发展历程中的几次重大转折:由传教士汉语学校向中国学研究中心转变;与燕京大学合作始末;与美国西部加州各大学合作,促进美国本土中国学学院化发展;第二次世界大战期间迁回美国等几个重要的历史事件。

2 初创:传教士汉语学校
(1910—1916)

19 世纪末至 20 世纪初,中国大地上不仅经历着新旧历史时期更迭前水火交融的内忧,同时,也面临着工业革命后西方国家虎视眈眈的外患。西方国家凭借着先进的科技实力和军事力量敲开了中国的大门。诚然,"开放"是具有双重性的,一方面,中国不得不面对西方列强的侵略;另一方面,国门开放也给中国带来了西方先进的思想、文化、技术、理念,等等。帝国主义国家对中国的入侵往往是以传教运动为序曲的。20 世纪初恰逢西方基督教新教在华传教高潮,大批传教士从东南沿海开始涌向中国内陆,大批教会、传教组织在中国遍地开花,他们不仅兴办医疗机构,而且创办各类初等、高等学校为中国人民提供西学,同时,他们还积极深入到中国的现实生活中,了解和体味中国的风土人情、历史文化,这些传教士也担当起美国早期汉学家的身份。

就在这一时期,中国的北京出现了这样一所学校,它是为辅助传教士在华工作,在美国长老会、英国长老会以及教会的支持下成立的华语学校。最初成立时这所学校被命名为华北协和汉语学校(the North China Union Language School),后更名为华文学院。华文学院的成立是传教运动高涨的产物,起初它的存在仅仅是为了给传教士的工作带来便利,然而,这所学校却在中国存在了近 40年,见证了中国 20 世纪上半叶的发展历程,也见证了东西方在战争与和平之间的博弈。历史选择了这所学校,世界发展的政治、经济、外交环境也铸就了这所学院,它从一所单纯的语言学校发展成为影响深远的中国学教育中心。

2.1　华文学院成立的历史背景

2.1.1　19 世纪末至 20 世纪初基督教在华传教运动

18 世纪末,美国经济迅速增长,美国西部开放得到了进一步重视。正在这时兴起了全球性的基督福音传播运动,目的在于复兴基督教福音,受这一运动影响,美国也掀起了大规模的传教运动。美国境内的传教运动迅速地从美国东部新英格兰地区扩展到西部地区。基督教的一个最为基本的信条就是"必须努力推广基督教信仰的影响力"①。在这一信条的影响下,大批传教组织建立起来,他们向世界各地派出机构和神职人员进行传教活动。早期的传教士通过建立慈善机构等办法来接近中国民众,向他们传播福音。关于西方传教士在华传教的目的,国内学人各持己见,总体来说分为两种:一则认为"福音传道";二则认为"隐蔽侵略",然而,一概而论总会有失偏颇,笔者认为,美国早期的传教与 19 世纪50 年代后的传教有着本质的差别,早期的传教更集中于基督教宗教思想的传播和文化的交流。清末的中国闭关自守,对于基督教的态度则是一味排斥,所以在鸦片战争前在华传教真是难如登天,很多传教士反对鸦片贸易,却很欢迎南京条约,以及后来的天津条约。

---

① 　William R. Hutchison, Errand to the World: American Protestant Thought and Foreign Missions, Chicago: The University of Chicago Press, 1987, p. 17.

在中国的外交史上，我国与欧美国家的邦交始于 15 世纪末
16 世纪初与葡萄牙通商一事。随后，荷兰、英吉利列国相继而至。
最早与中国签订外交条约的是俄罗斯，这个条约即后来的"尼布
楚条约"。鸦片战争及英法联军入京，这时刚刚建国的美国未过
多参与其中，他们与中国的通商活动也相对其他欧洲国家晚。
"我国与美国最初所发生关系为商业上的。此项交易，自外表观
之，似属不甚重要；然以其恒能发生外交上之纠葛，亦不能忽视。
美国船只入吾国口岸贸易最早，在 1784 年。"①直至鸦片战争之
后，我国与英国签订中英条约，五口通商，美国对此十分关注，1843
年国会提出，出资四千万美元与中国通商，并派外交使臣 Caleb
Cushing 与我国签订通商条约，即"中美望厦条约"，并通告在华的
美侨遵守我国的商业法律，同时声明中国政府要尊重美国的风俗
和信仰，不得强迫美国人遵守中国的习俗。"望厦条约"是中美之
间的第一个不平等条约，也从中暴露了美国海外扩张的野心。中
国与美国第二次邦交的条约是"天津条约"（1858 年 7 月 18 日签
订）。天津条约中声明，中国允许美国政府派公使在华驻扎，中国
允许保护美国官船在通商口游弋，中国允许美国传教士在华宣扬
基督教。这是中国第一次在官方文件中允许美国传教。天津条约
和北京条约签订以后，在中国原有的传教会和传教士的人数猛增，
而且，分布的范围也从广州深入内地。鸦片战争以前，来华传教布
道的差强会不足 10 个，在华的传教士也只有 20 人左右，可是在鸦
片战争之后，随着不平等条约的签订和口岸的开放，来华的差强会
增加到 130 多个，传教士人数快速地上升了，1845 年上升到 31
人，1848 年上升为 66 人，1855 年上升为 75 人，1858 年上升为 81

---

① 蔡元培：《中美外交史》，商务印书馆 1939 年初版，第 2 页。

人,到 1889 年时已经到达 1296 人,到 19 世纪末在华的西方传教士已经大到 1500 人左右。① 可见,到 19 世纪末 20 世纪初出现了西方在华传教运动的高涨。这一时期,在中国的主要传教组织有"伦敦会、美部会、美浸会(分为美北浸会和美南浸会)、美国圣公会、英行教会,以及美国长老会"②。他们把传教分会做到中国的大江南北每一个角落。美部会在中国开放五口通商之后,前往商埠传教,在南京条约和天津条约签订以后开始扩展自己的传教势力,形成了广州区、厦门区、福州区、上海区、华北区以及山西区六大传教区域。裨治文是广州区的创始人,也是上海区的创始人。上海区的另外一位著名的传教士是白汉理(Blodget,Henry)。这一时期美国的传教士不仅担负着传教的任务,同时也在为美国在华商人提供积极的帮助。他们认为,如果让中国人和美国人能够达到价值认同,会有利于中美之间的商业发展,而传教活动随着美国在华商业的不断获利而得到资助。

19 世纪末至 20 世纪初,美国的政治经济得到了全面的发展,尤其是美西战争之后,信心倍增的美国试图扩张自己的殖民范围,除了武力输出以外,美国更加注重精神领域的殖民统治。于是,这一时期美国的海外传教事业异常活跃。虽然与欧洲在华传教事业相比,美国起步较晚,直至 19 世纪上半叶才有大量的商人和传教士来华经商和传教。然而,美国传教事业势头发展得十分迅速。1869 年,美国向世界其他国家派出的传教人员是英国派出人数的一半,但是是其他欧洲国家派出人数的总和,然而,1910 年美国的传教人员迅速增加到超过英国,也是其他欧洲传教人员总

---

① 汤清:《中国基督教百年史》,道声出版社 1987 年版,第 156 页。
② 汤清:《中国基督教百年史》,道声出版社 1987 年版,第 169 页。

和的一倍以上。①

2.1.2　早期的传教士汉学

世纪之交,美国传教士来华传教,其目的不仅是传播基督教福音。美国的历史学家阿瑟·施莱辛格曾经这样分析,美国人常常把自己的观点和想法看做先验的宗教,然后在政治上领导全世界的上帝选民,他们在政治上领导世界的上帝选民:"商人要钱,政治家要签约,传教士则要改造灵魂与社会。"②可见,美国的传教运动是与其扩张国家利益紧密联系在一起的。19 世纪 70 年代前后,美国基本上完成了对美国南部政治经济的改造,并且开始大踏步地向全面工业化时代迈进。到了 19 世纪末期,随着工业化的加速发展,美国的政治界与经济界都开始把目标对准国际市场,并开始向国外展开进攻和掠夺。美国的政治经济巨头从本国的利益出发,将目光对准太平洋彼岸的亚洲,传教士在美国的政治经济扩张中起到了非常重要的作用,他们充当了"打开贸易商业渠道的先行者"。1898 年,美国常驻中国官员查尔斯·丹比(Charles Danby)提出:"受到神圣激情感召的传教士们的足迹遍及世界,不久外国商业与贸易的发展也就随之到来。"他还说"如果每一个中国人都穿上一件衬衫,那么棉纺行业将会怎样!"③美国对于中国的扩张是从政治、军事、经济利益同时开始的,商人要钱,政治家要

①　George Marsden. Religion and American Culture. San Diego:Harcourt Brace Jovanovich Inc. ,1990,115.

②　Arther Schlesinger, Jr. " The missionary enterprise and theories of imperialism,"I The Missionary Enterprise in China and America,Ed. John K. Fairbank. Cambridge:Harvard University Press,1974,373.

③　Thomas J. McCormick. China Market:America's Quest for Informal Empire, 1893−1901. Chicago:Quadrangle Books,66.

和政府签约，那些希望改造中国人灵魂的美国传教士是要办教育
的，而这一教育又带有明显的政治目的。燕京大学校长司徒雷登
把基督教新教传教这一特征概括为："一方面要以中国的基督化
为根本目的，一方面要提高学校的学术标准，这样燕大的毕业生就
可以在国内一些关键性部门占有位置，可以影响中国的政局。"①
美国传教士在华活动成为中美关系的重要组成部分，在政治、经
济、文化的领域里传教士都扮演了举足轻重的角色。更值得一提
的是，早期传教士自觉地承担起中美文化的传播使者的角色，他们
在传教过程中，不仅向中国民众传播基督教思想和西方文化，更激
发其兴趣的是充满神秘的中国——这片承载着几千年文化历史的
古国让西方人心旷神怡。来华不久的传教士就开始积极学习汉
语，了解中国风土人情、历史文化，他们著书立说并且把他们对中
国的认识通过这座文化桥梁传播到大洋彼岸。

裨治文（Elijah Coleman Bridgeman，1801–1861），美国基督教
美部会（后改称公理会）教士。出生于美国马萨诸塞州，1826 年毕
业于 Amberst College，后来又到 Amdover Seminary 神学院进修，
1829 年 9 月自神学院毕业。成长在虔诚的基督徒家庭的裨治文
11 岁的时候就皈依基督教，12 岁时就是公理会的教友。他从神学
院毕业以后接受美部会的聘请，成为该会派赴中国的第一位传
教士。

"裨治文于 1829 年 10 月 14 日自纽约上船，经过 135 天的航
程，于 1830 年 2 月 15 日到达广州。当时在广州的外国传教士只
有英国伦敦会的马礼逊一人。在裨治文自美国出发前差会就要求
他特别向马礼逊求教，因而裨治文到广州就跟马礼逊学习汉语文。

---

① 顾卫民：《基督教与中国近代社会》，上海人民出版社 1996 年版。

随后由马礼逊倡议,裨治文任主编,广州美商同孚洋行老板奥立芬提供经费和印刷场所,于 1832 年 5 月起出版一份英文的月刊,名为'The Chinese Repository',中文译作:《中国丛报》,又译作《中国文库》,旧译作《澳门月报》(与林则徐编译的《澳门月报》无关)。自此开始,至 1851 年 12 月约十年间,《中国丛报》共出版二十卷(每月一期,每年一卷,其间 1839 年 5 月迁澳门,1844 年 10 月迁香港,不久又迁回广州。)登载了鸦片战争前后 20 年期间有关中国社会的政治、经济、语言、文字、风俗……方面的调查资料,其中包括了中外关系和外国人在中国活动等情况,也包括了鸦片战争时期林则徐等中国官吏的政策措施活动等记载。"

卫三畏(Samuel Wells Williams,1812–1884)于 1832 年被派遣到中国传教,担任印刷员,1833 年抵达广州与马礼逊、马如翰(马礼逊的儿子)、裨治文、史蒂芬一起工作和学习。卫三畏在华主要负责的传教工作是教务印刷,并担任《中华丛报》的编辑(1848—1851)。他撰写大量文章,向海外介绍中华帝国的政治、经济、军事、历史、地理和文化习俗,帮助裨治文编著《广州方言撮要》。

"卫三畏长期生活在中国,他的经历使他对中国问题有比较全面的了解,曾先后出版过十多部关于中国的书籍,内容包括政治、经济、历史、文学、文字等诸多领域,如《简易汉语课程》(Easy Lessons in China, 1842),《官方方言中的英汉用词》(An English and Chinese Vocabulary in the Court Direct, 1844),《中国地志》(A Chinese Topography, 1844),《中国商业指南》(A Chinese Cornmercial Guide, 1844),《英华分韵撮要》(Tonic Dictionary of the Chinese Language of Canton Dialect, 1856),《汉英拼音字典》(A Syllable Dictionary of the Chinese Language, 1874)等。这些书籍一度成为外国来华传教士和商人的必读之书。回国后,他在耶鲁大

学任汉语教授，经常举办关于中国问题讲座，并著有《我们同中华帝国的关系》(*Our Relations with Chinese Empire*, 1877)，《中国历史》等，这些活动为他构思完成一生最具影响的著作《中国总论》(*The Middle Kingdom*, 1848)提供了条件。"①

《中国总论》是卫三畏一生中最具有代表性的著作，也是美国汉学史上极具影响力的代表作。《中国总论》上下两卷共 23 章，包含了中国的政治、经济、文化、历史、地理、艺术、教育及宗教各方面的内容，可谓是一部美国中国研究的百科全书。

裨治文和卫三畏两位传教士是美国传教士汉学的主要代表。继他们二位之后还有丁韪良②、明恩溥③、林乐知④等几位对美国中国学颇有影响的传教士。来华传教士身兼数职，传播福音、了解中华文化、输送传播中国文化，也在一定程度上担当情报工作的主力。传教士来华以后遇到的最大困难是语言障碍，不懂中文无法沟通，何以传教？在西方基督教传教组织和机构的资助下，成立了许多汉语学习班，最初他们都是依靠基督教组织的资金，大部分师资是由在中国久居且懂得中文的老传教士组成，他们认识到只有先攻克了语言关才有可能进行下一步工作。

---

① 引自中国国家图书馆汉学家资源库，2009 年 9 月 5 日。

② 丁韪良，美国北长老会教士，1850 年来华。著有《中国人：他们的教育、哲学和文字》(1876)、《花甲记忆》(1896)、《北京围城：中国对抗世界》(1900)、《中国知识》(1901)等。

③ 明恩溥，美国公理会教士，1872 年来华。著有《中国文明》、《中国的特色》、《中国乡村生活》等。

④ 林乐知，美国监理会教士，1859 年来华。曾任《万国公报》主编，著有《中东战纪本末》(1896)、《治安新策》(1901)。

2.1.3　基督教教会在华兴办各类学校

随着西方传教运动的广泛兴起,大量的教会学校出现在中国的大江南北,这些由西方传教士掌管的教会学校,其目的是要向中国人宣扬西方的基督教思想,从精神上对东方世界进行统治。然而客观上,他们刺激了中国现代教育的发展,也为中国的现代教育奠定了基础。从某个角度来说,基督教传教运动是对中国教育的现代化做出过积极贡献的。在 20 世纪 20 年代,基督教教会在华兴建了 14 所教会大学,这一时期中国仅有的高等学校为北京大学、山西大学和北洋大学这 3 所国立大学,和另外 5 所私立大学。而从严格意义上讲,按照现代教育模式开办的大学是从教会大学开始的。1901 年,美国监理会创办了苏州东吴大学,设有文、理、法三所学院,这可以视为中国教育史上第一所西式大学。1905年,美国圣公会创办上海圣约翰大学,设立文、工、医三所学院,这是由原先的约翰书院扩建而成的。1910 年,美国南北长老会合办杭州之江大学,设有文、理学院,这所大学的雏形可以追溯到宁波崇信义塾,由此发展为杭州育英义塾。1910 年,美国浸礼会、美以美会、英国圣公会、公信会和加拿大联合会共同创办了成都华西协和大学,设有文、理、医三所学院。也在同一年,美国圣公会、复初会、雅礼会与英国伦敦会、循道公会联合创办了武昌华中大学,设立文、理和教育三所学院。1911 年,美国浸礼会、美以美会、长老会、基督会联合创办了南京金陵大学,设有文、理、农三所学院,它的构成是由南京汇文书院和红育书院合并的结果。1914 年,美国美以美会创办了福州华南女子文理学院,它的雏形是福州女子学院预科。1914 年,美国基督教创办了长沙湘雅医学专科学校,后来演变为湘雅医科大学,1935 年更名为湘雅医学院。1915 年,英国伦敦会和美国浸礼会、监理会、美以美会、圣公会、长老会、复初会、基督会和美国史密斯女子学院共同创办了南京金陵女子文理学院，就是后来的金陵女子大学。1915 年，美国南北浸礼会共同创办了上海沪江大学，设有文、理、商三所学院。1916 年，美国长老会和美国基金委员会共同创办了广州岭南大学，设有文理、农、工三个学院。1916 年，美国长老会、美以美会、美以美妇女会、公理会、英国伦敦会，以及美国洛克菲勒财团、普林斯顿财团、纽约信托部、联合创办了北京的燕京大学，设有文、理、法三个学院。1917 年，美国公理会、美以美会、长老会、南长老会，以及英国伦敦会、大英浸礼会、大英长老会、循道公会、英行教会和加拿大联合会共同创办了山东齐鲁大学，设有文、理、医三个学院。1918 年，美国公理会、美以美会、归正会和英国圣公会联合创办了福建协和大学，办有文理学院。除了以上这 14 所基督教大学以外，规模较小的教会大学或者教会专科学校还包括"北京协和医学院"、"三育大学"，以及"文华图书馆专门学校"等。这是 20 世纪 20 年代，美国教会在华兴办的现代教育机构，确实给中国的现代教育注入了活力。这些教会大学也给中国注入了基督教理念和现代西方的思想。

华文学院也是一所由教会创办的学校，与其他以宣扬宗教信仰、挽救中国民众精神世界为宗旨的教会学校有所区别，华文学院成立的原因最初是为西方传教士提供一个学习中文和了解中国文化的环境，为他们在华顺利进行基督教新教传播提供工具性支持，也为他们减少语言障碍。为了更好地了解中国的历史、文化以及风土人情，更加顺利地完成传教的工作，大量来华传教人员需要学习汉语，了解中国文化和国情，为了适应这一需要，英国伦敦传教会首先决定在华建立一所传教士汉语学校，后来该学校由美国青年基督教会接管，并由美国来华传教士裴德士担任首任专职院长，掌管学校全面的教学和管理工作。

《中国基督教年鉴》①裴德士②的一篇报告记录了当时中国的传教士汉语学校的基本状况:"1887 年,中国内陆开始建立青年传教士的培训机构(training homes)。1907 年青年基督教会(YCMA)的 D. Willard Lyon 博士主持了第一期夏季汉语学习班,青年基督教会和中华民国基督教女青年会的部长参加了该暑期班的学习。1910 年,爱丁堡会议上着重强调了要发展语言学校的计划。是年秋季,W. Hopkyn Rees 博士在北京建立了华北协和语言学校③(华文学院的别名)。后来,这所语言学校发展成为在中国历史持续时间最长、规模最大的传教士语言学校。"④华文学院是基督教教会在华开创汉语学校的早期产物,事实上,在基督教传教运动高涨的时期,在华的汉语学校也如雨后春笋,可是运行和管理上都存在很大的问题,真正坚持到最后且取得成绩的是少数几所。

1910 年,在伦敦传教会的几位领导人的倡导下,华文学院在北京正式成立了。当时中国已经存在一些小型的语言学校,他们大多集中在传教士居多的城市,例如:广州、上海、南京等地。可是,由于资金、管理、教学等方面匮乏的原因都没存留下来。到 20 世纪初期,在传教士汉语学校中只有两所比较有规模、成体系的学

---

　　① 《中国基督教年鉴》即 China Mission Year Book,作者目前尚未找到中译本。

　　② William Bacon Pettus(1880–1960),生于美国阿拉巴马州,1906 年来到中国传教在青年基督教会工作,后任华文学院院长。

　　③ 成立最初学校的名称为华北协和汉语学校(The North China Union Language School)。

　　④ W. B. Pettus. China Mission Year Book. Shanghai:Christian Literature Society for China,1925. 235.

校保留下来了,一所就是本书所研究的对象——华文学院(1910—1949年北京)。另外一所是金陵大学(1911年,美国浸礼会、美以美会、长老会、基督会联合创办了南京金陵大学)语言系(the Language School at the University of Nanking)。从1910年到1949年,经过三十几年的发展变迁,坐落在北京的这所语言学校——华文学院,从几十个传教士组成的汉语学习班,发展成为在世界享有盛誉的"中国研究中心"。通过这所学校在特定历史环境中角色的转换,可以窥见这一时期国际形势的变化、中美关系的发展,以及美国中国研究的成果。

2.2 华文学院早期的发展状况(1910—1916)

2.2.1 学校组织和教学

华文学院成立于1910年,是由英国伦敦教会最先倡导在北京成立的一所传教士汉语培训学校,英国伦敦传教会派里斯(W. H. Rees)博士担任华文学院的临时校长。在20世纪初期,面对西方基督教新教的传教高潮,这所传教士汉语学校在北京的建立无疑为来华的传教士,提供了一个深入学习和掌握中国语言的契机。1913年,华文学院正式宣布成立,并且由中国青年基督教会①接管。1914年到1916年,华文学院由爱德华兹(D. W. Edwards)总负责。后来,由于其他工作原因,爱德华兹又将华文学院管理工作移交给George D. Wilder博士。从建校到1916年,华文学院并没有组建一个固定的领导机构和一支专门的师资队伍。负责学校管理工作的人员,同时都身兼传教的职责,他们一边完成传教工作,

---

① 中国青年基督教会(Young Men's Christian Association)。

另一边负责汉语学校的教学管理工作。

　　起初,学校的大部分教学工作是由伦敦传教会的代表来主持的,其他教会尤其是美国传教会和长老会在教学中起到非常重要的作用,同时还有一些非常有能力和懂英文的中国人参与教学工作。在华的传教机构还联合起来组建一个教育委员会,他们共同制订了一套中文教学课程计划,并且由该委员会负责检验学生学习成果。华文学院也根据学生的情况提供了相应的教学方法,根据学生的学习目的之不同,学校采取了"短期"和"长效"两种教学模式,对于一些需要尽快掌握中文听说及应用的学生,学校特别注重他们的口语训练;而对于那些渴望深入学习汉语语言和中国历史文化的学生,学校会进行特殊培养,除了中文听说课程外,还要进行语法、古文及文化方面的训练,因材施教。

　　华文学院成立的初期并没有固定的领导机构、没有相对固定和统一的教学方法、没有规范的课程计划。这不仅是华文学院面临的问题,而是当时在华汉语学校普遍存在的问题。如何改变这一局面,把学院的教学培养能力提高到一定层次,正是学校面临的巨大挑战,这一重任历史性地落在了中国青年基督会传教士裴德士的身上,他于1916年被正式任命为华文学院院长,并开始了他长达30年的教育事业。

2.2.2　招生情况

　　华文学院作为一所汉语学校,起初的招生对象是很有局限的,他们大多数是来自在华各个传教会的传教士。《中国基督教年鉴》上记载:"1910年,华文学院在北京成立。成立当年的入学人数为26人。1911年春天,招生28人,同年北戴河的暑期班共有学生 44 人。"①在短短的一年时间里,华文学院取得了一定的影响。当时,除了传教团体以外的西方来华商人、政客、学者、外交人员等也希望能够来到华文学院学习汉语,尽管如此,由于师资力量匮乏,学校教室、住宿等方面条件的限制,无法满足他们的需要。可是,学校还是在有条不紊地发展着,他们聘请有经验的中国教师参与到学校的教学中,租用北京的民宅当做教室,在有限的条件下尽量满足学生的要求。

1916 年,在华文学院成立后的第五年,该校的招生总人数已经达到857 人,其中674 人为美国籍,129 人为英国籍,其他54 人来自其他19 个不同的国家和地区。当时在北京的外国人总数在1000 人左右。由这一数字的变化可见,当时在华的外国人数增长很快,而且,入学情况反映了他们急需了解中国的迫切愿望。这就给华文学院的发展提出了一个新问题,学校将如何补充教学师资以及管理的力量？学校将如何扩建？学校将向什么方向发展？华文学院面临着机遇和挑战,改革和转型成为必然。

2.2.3　课程计划

对于一个正规的教育机构来说,课程计划是必要的前提。可是,华文学院成立之初,仅以一个汉语培训班的形式存在,并没有一套完整的教学计划。自从 1910 年建校以来,经过五年的发展,华文学院逐渐形成了一套课程计划。虽然,这一计划并不十分完善,但是与当时对外汉语教学中存在的普遍混乱的状况相比,已经算是有组织的、有规划的教学体系了。

---

①　China Mission Year Book. Shanghai：Christian Literature Society for China. 1912,231.

学校设立了一项五年的课程计划,学生一入学就要开始通过长达 15 个月的必修课学习阶段,这要求学生必须在校修满 15 个月的课程。15 个月的必修课程完成之后,京内学生可以继续来学校上选修课。京外的学生可以回到当地,一边从事本职工作,一边跟着个人辅导教师继续学习。学校会定期在各地区组织统一的考试,以考查学生的学习状况,以此来决定学生是否可以进行更高一级的学习。同时,学校还组织各类演讲、讲座,例如:中国宗教、中国社会概况、中国历史和地理,等等。学校的招生范围也在逐步开放,也开始将课程设置逐渐向在京的传教士、外交官、政府官员倾斜。这时,华文学院已经储备了一支经过培训的中文教师队伍,其中有经验丰富的传教士,也有资历丰实的中国教师。学校开始租用固定的教室来完成教学工作,学生的宿舍则也是租用的民房。因为,这一时期,在京的传教机构没有专属于自己的住址,租用房屋是最节约开销的方法。

2.3 学校改革呼之欲出

1914 年,裴德士在《中国基督教年鉴》上发表过一篇文章《语言学校和学习班》。该文真实地反映了 19 世纪末教会学校在中国汉语教学中存在的混乱现象,同时也反映出当时外国人对汉语学习的急切需要。他说:"本国和境外的传教士都普遍认为,旧有的学习方式,就是学生不知道如何学,老师也不知道如何教。或者说不应该称其老师,称他们为辅导更加合适——这根本就是浪费时间和金钱"①。所以,在这样的情况下,一些新的语言学校和汉

---

① W. B Pettus,China Mission Year Book. Shanghai:Christian Literature Society for China,1914,499.

语学习班就出现了。虽然,他们的经营状况也是参差不齐,但总的来说是要比19世纪末期有所改进。在一些大城市,例如:上海、福州、武昌、长沙等地,出现了汉语学习班,这些学习班大多数是由长期居住在华的老传教士担任中文教师,教学方法也基本上是"一对一"的教学,其目的是帮助刚来华传教的新生力量。

据不完全统计,当时在华的汉语学习机构有:

中国内地教会汉语学校男校 安庆

China Inland Mission Language School for Men,Anking.

中国内地教会汉语学校女校 扬州

China Inland Mission Language School for Women,Yangchow.

华文学校(后来的华文学院) 北京

North China Union Language School,Peking.

南京大学教会学校 南京

University of Nanking Missionary Training School,Nanking.

中国西部语言学校 成都

Language School in West China,Chengtu.

加拿大长老会语言学校 卫辉府(今卫辉市)河南

Canadian Presbyterian Language School,Weihweifu,Honan.

广州语言学校 广州

Cantonese Language School,Canton.

另外,时值暑期,还会有大量传教士聚集起来组织暑期学习班,专门传授各种各样的学习方式,"传教热"的同时呈现了"汉语热"。从对外汉语教学史上看,"汉语热"应该是伴随着传教活动的频繁和传教士汉学的发展,出现在19世纪末20世纪初。早期的汉语教学是由懂中文的外国人来进行的,用裴德士的话说,"同样的工作,如果由经过训练的中国人来完成,一定会有更好的结果。"①在20世纪初期,传教士汉语教学机构普遍存在的问题是,教学条件简陋、师资力量薄弱,而汉语学习需求旺盛,在这样一种矛盾的情况下,改革是发展的必然要求。

1914年,由"中华续行委办会"(The China Continuation Committee)派出的三人代表团考察了除四川以外的,中国境内所有语言学校。当时的语言学校没有统一的教学法和教学内容。中文教师数量有限,而且教学质量也比较差。所以,从1914年开始,一些语言学校由于地理位置、教学情况、管理等方面的原因,逐渐关门停办。经验表明,语言学校应该建在传教机构和传教士聚集的大城市。一方面,学生可以参与到传教活动之中。另一方面,学校可以从高级传教士那里获得经验。1919年,弗兰克·桑德斯(Frank K. Sanders)博士来华访问,对南京和北京的语言学校评价道:"南京和北京的语言学校取得了很好的成效,他们有比较科学的语言习得的方法,学校为学生提供一个掌握汉语言学习的普遍性方法。"②他总结道,一所优秀的语言学校要具备几个必要条件:一个能够精通语言教学的教务长,他本人要懂教育;一个固定的教师队伍,在这个精明的教务长的领导下;一个专业的、文化的传教环境;一个不断完善、健全的管理体制。相比较之下,位于北京的华文学院还是具有相对优势的一所汉语学校。虽然,它和其他机构一样面临着种种困难和不便,但是,在成立之初的五年里它的发展态势呈现出上升趋势。

---

① W. B Pettus, China Mission Year Book. Shanghai: Christian Literature Society for China, 1914, 500.

② China Mission Year Book. Shanghai: Christian Literature Society for China, 1925, 236.

华文学院是由一个专门的董事会来负责资金、行政上的管理,而这个董事会是有四家教会机构的代表组成——"美国长老会,美国卫理公会,伦敦传道会以及基督教青年会"(American Presbyterian Mission, the American Methodist Mission, the London Missionary Society and the Young Men's Christian Association.)[①]。1916 年,在辛亥革命结束后的第五年,中国的政治动荡不安,军阀割据,内外交困。这时,西方在中国的传教活动更加激烈,五口通商以后,中美之间的经济往来频繁。这时在北京的外国人已经达到上千人。他们虽然怀着不同的目的来到中国,但是,他们都急需了解中国,了解这片神奇而灾难深重的土地。

靠租来的民房作教室,一个老传教士带这几个中文教师来教授中文的教学模式,是终将被淘汰的,它无法满足当时受众对汉语文化学习的需要。而此时,一所固定的学院、一个强大的董事会、一位懂教学、了解中国的领导者、一套合理的教学法、一系列科学的课程设置,都成为该校继续发展和壮大的必要条件。就在这一关键的转折时期,中国青年基督教会大胆地启用了裴德士作为华文学院的校长,从此,裴德士把一生中最宝贵的 30 年献给了中美文化事业,也铸就了华文学院的辉煌。

---

① China Mission Year Book. Shanghai:Christian Literature Society for China Book,1916,430.

3 转型：从汉语学校到中国学中心（1916—1928）

  裴德士成为华文学院的校长，是华文学院改革的一个转折点。年轻有为、意气风发的裴德士院长面对历史时期和世界形势的变化，大刀阔斧地进行改革，一所语言学校在裴德士的手中成长为一所令世界瞩目的中国研究中心。

  裴德士改革的成功不仅仅因为他个人精通汉语，对中国有深入的了解，对教学法的潜心研究；也不仅仅是因为他刚毅的个性，率直的为人，超群的社会活动力和领导力，然而，促成改革成功的更深层原因是中美两国关系和世界形势的变化，让这位睿智的教育家适时地领悟到变革中的玄机而大胆改革。正可谓"时势造英雄"，裴德士院长站在时代的前端，成为美国汉学向中国学转变、传教士汉学向专业汉学转变的重要推动者。然而，一切并不是一帆风顺的，他的人生也充满了坎坷和机遇，他的事业也充满着艰辛和波折。

3.1 裴德士的中国情缘

  1880 年 8 月 28 日，裴德士出生在美国南部阿拉巴马州的莫比尔市，父亲是密西西比河上的船夫，母亲是普通的家庭妇女。传统的家庭教育对于青年的裴德士产生了良好的影响，1904 年裴德士毕业于哥伦比亚大学，在大学期间裴德士的精神追求发生过一次深刻的变化，他成为一名虔诚的基督徒，这却是与他父亲的意愿截然相背的。然而，裴德士没有屈服于父亲的强压。在大学期间，裴德士遇到了后来的妻子萨拉·裴德士。由于，南北战争的影响，裴德士的父亲坚决反对裴德士与北方人通婚。在采访裴德士的孙女时，她告诉笔者裴德士和新婚妻子去中国工作的一个原因是，家庭对他们婚姻的反对。可见，裴德士是一个具有反叛精神和新思想的青年。他不受传统思想的束缚，要挣脱一切阻力实现自己的理想，包括婚姻自主。于是，他踏上了中国的大陆。

裴德士的孙女 Elizabeth Pettus 整理家中的资料发现了裴德士在去中国前的志愿者大会上的誓词，她将这份珍贵的资料送给笔者，笔者从中领会到了裴德士的坚毅和执著，26 岁的裴德士背负着使命和责任，踏上了理想的征程。我也仿佛看到那一刻，裴德士走上演说台，庄严地宣读自己的誓词：

"我刚读大学的时候并不是基督徒，我读书的一个目的是要证明基督教没有意义，并且我也相信自己能够做到。过了一段时候，当我与 Michener 和 Harold Rose 接触时，我发现在他们的生命里有一种东西，我想要但是却没有。我和他们交谈，他们告诉我这是耶稣基督。我向往了解基督，我试着寻找他，并且接受他。

在我读二年级的时候，我签署了基督教志愿者运动宣言，秉承上帝的名，我愿意成为一个外国传教士。当我给父亲写信告诉他我的决定，不是基督徒的他在回信中说，'不要做这样的事，这是浪费生命。'如果我不放弃这个'愚蠢的'选择，他将不再支持我读大学。

我收到父亲来信的前一个晚上，在祈祷会上说'希望所有失去家园、父母、爱人、兄弟姐妹、孩子、和土地的人们，能够获得百倍的补偿,让生活幸福地进行下去。'我努力证明我们应该相信我们的祷告会实现。第二天,就当我面对这些告辞是否真实的时候,我不得不在我的父亲及他的资助和上帝之间做出选择。最终,我选择了耶稣基督。

之后,我自力更生完成学业,做过厨房帮工、烧过火炉、伐过木头。当我完成学业要在这个领域里工作的时候,我的体检没有通过,我不能去传教,因为身体状况不佳。这时,我已经离开学校两年了。我被告知可以继续学习一年半,然后还有机会去做传教士。就这样我又学习了一年半,然后被指派到中国传教。这是我最想去的地方,因为在这里我可以引导全世界四分之一人口的精神世界。

然而,让我感到遗憾的是我的父亲始终不支持我。感谢我的妈妈和妹妹,他们来到了今天的会场。为了到国外传教,我放弃了很多,可是我觉得这样做值得。"①

就这样裴德士与父亲断绝了关系,和妻子萨拉·裴德士来到了中国。作者在与伊丽莎白·裴德士的通信中,她告知我祖父裴德士与曾祖父断绝关系的另一个原因是,他娶了北方人 Sarah DeForest(就是裴德士的妻子 Sarah Pettus)。

1906 年,这是裴德士人生中最大的转折,他与妻子萨拉·裴德士一同来到中国,在上海基督教青年会担任干事。也许裴德士本人也未曾料想过,他从此与中国结下了不解之缘,并将他的一生

---

① Letters from Nashville Student Conference Report, March 1906.(该资料是由住在美国加州旧金山的 Elizabeth Pettus—William Bacon Pettus 的孙女,将原始文稿进行重新录入,通过电子邮件传递给笔者的。当时笔者在美国加州克莱蒙大学研究院访问。)

献给了中美两国的文化教育事业。1916 年，裴德士被任命为华文学院院长，凭借着他敏锐的政治眼光、远见卓识的领导力、深厚的中美文化背景、灵活的社会活动力领导华文学院。1906 年，裴德士踏上了中国大陆，他和妻子在基督教青年会总部上海工作。古老而神秘的中国对激情豪迈的裴德士来说是充满了诱惑，他急切地渴望了解中国的语言和文化。于是，1908 年到 1910 年，裴德士在南京的金陵大学学习汉语言文学。学习和掌握了一定的中文，为裴德士能够更加深入了解中国提供了一只罗盘。此时的裴德士就认识到深入了解一个国家的文化，首先要了解这个国家的语言，语言文字是文化传播的载体，当了解、接受、拒斥、融合甚至侵略另一种文化时，第一步需要掌握这个载体。当时，欧洲汉学的发展已经形成一定的规模，欧洲对于汉语教学的研究领先于包括中国在内的世界其他任何国家。1912 年到 1913 年，裴德士前往德国汉堡大学学习汉语，期间还在柏林大学参加关于亚洲语言教学研究的讨论会。这段时期，裴德士不仅是在提高自己的中文水平，更重要的是在学习汉语语言教学方法和经验。后来，华文学院所使用的"直接教学法"就是早年裴德士在欧洲留学时习得的经验。

　　裴德士学成回到中国以后，十分关注中国境内传教士汉语学校的发展状况。他经过多方考察，形成了关于《金陵大学汉语系》、《北京华文学校》、《语言学校和学习班》等几篇重要调查报告，他在报告中分析了传教士汉语学校的现状和存在的问题，也提出了独到的见解。裴德士分析考察了金陵大学汉语系的情况，对教师的训练、教学方法、课程设置、语言专门训练、考试和将来的发展等情况，做了一一阐释。裴德士先后参观了三十多所语言学校，发掘和分析了他们之间共同存在的问题。缺乏规范的教学计划、课程设置，没有相应合理的汉语教学法成为存在问题的焦点。金陵大学的语言系在这一时期的汉语教学中是走在前列的,他们拥有相对完备的课程体系和教学方法,裴德士还建议金陵大学语言系应该提高对于教师培训方面的力度,这对于其他语言学校的发展也会起到推动作用。另外,裴德士发现汉语学校中普遍存在教学内容单一的问题,他提出汉语学校应该对授课内容进行调整,不应只局限于语言的教学,更要加强历史、文化、宗教、地理、政治等各个方面的学习。尤其是随着中西方交流的深入,政治、经济、外交等方面的合作走向全面,西方在华的人员对于中国了解的广度和深度都有所增加,故单纯的语言学习已经无法满足学生的需求,他提出学校除了要通过开设关于中国文化方面的讲座以外,还应该把这些知识性内容固定为专门的课程或者研讨会。裴德士接受华文学院院长任命之前,也曾做过关于华文学院的调研,对于这所学校的组织机构、课程、师资和教学设备以及其他辅助教学都做过分析,所以,在裴德士担当校长之后很快地进入角色,而且改革汉语教学的思想也早已根植在裴德士的心中。

1906 年到 1916 年这十年间,裴德士从一名青年基督教传教士成长为对中国语言文化有着独到见解的“跨文化人”。坚定的信仰、刚毅的个性以及家庭的影响,为裴德士结下中国情缘做了思想上的准备;聪慧的头脑、敏锐的洞察力、广博的胸怀和天赋的领导力为裴德士的事业成就做了政治上的准备;宗教、汉语言文学背景、对先进教学法的掌握以及个人勤奋钻研为裴德士胜任即将到来的工作做了学术上的准备。这些都是裴德士能够被选派为华文学院院长的前提,而且,他没有让历史失望,裴德士院长成功地将一所为传教士服务的汉语学校引领成为具有深远影响的中国研究中心。1916 年,裴德士正式接到任命成为华文学院的全职校长,他们举家迁至北京,在这一岗位上裴德士付出了 30 年的努力,他和中国结下了不解之缘。

3.2　华文学院的成功转型

　　裴德士上任以后，对华文学院进行了大刀阔斧的改革，正如上文所说的，裴德士对于中国汉语学校的调研，对于欧洲先进汉语教学经验的总结，对于时政和国际局势变化的了解，都决定了他试图对华文学院未来发展走向进行调整。第一，改组董事会和学校管理机构，校董事会的成员不仅仅来自传教机构，还包括政治界、文化界、金融界、教育界等社会团体，充实的董事会组成将会壮大学校的发展实力，也使学校向多元化角度发展；第二，改革教学宗旨和教学模式，提高教学质量和师资队伍，这为学校向中国研究中心转变奠定了学术基础；第三，多方筹集资金建设独立的校园。固定的教学场所是学校进一步发展的实体基础，裴德士凭借卓越的社会活动力和领导力，在洛克菲勒基金等社会资助下，筹集30万美元建设校园；第四，建立图书馆，不断充实图书馆的资料，最终将其建设成为当时世界上最大的中国研究图书馆。

　　华文学院的改革绝对不是裴德士院长一时头脑发热，也不是单纯的竞争需要，它是一个时代的产物，而裴德士恰恰准确地把握了这一历史转折。第一次世界大战以后，美国在国际上的势力日益凸显出来，并取代英国成为世界经济中心，美国在战争中也实现了其向世界扩张的野心。这一时期，美国对中国的关注，就不再仅仅局限于让几个传教士来领导"中国民众的精神世界了"。他们急需进一步了解中国，掌握中国社会的运行规律，以便进一步实现其扩张的目的。如果定义早期的传教士汉学具有"自觉性"，那么，这一时期的美国汉学则是在特定历史条件下应时代要求而产

生的,他具有"目的性"、"针对性"。在这样的历史背景下,反映在
华文学院本身的现象就是,单纯教授传教士汉语、为传教士在中国
内陆传教提供语言环境,已经不能满足学校自身的发展需要,所
以,在美国的利益上考虑,从教育层面上讲,华文学院需要被改造
成为美国了解中国的窗口,成为美国培养中国学家的机构。华文
学院的改革是成功的,而它也没有辜负历史期望,成功地扮演了
20 世纪上半叶的美国中国研究中心的角色。而华文学院最成功
的作品,是它为美国成功地培养了五六十年代最卓越的一批中国
学家。裴德士做出的这些卓有成效的改革,促成了华文学院向中
国研究中心的转变。

3.2.1　董事会改组

　　裴德士担任校长后,第一件事情是改组董事会。华文学院最
初是由伦敦基督教会创立的,后来,由美国青年基督教会接管,并
由各个传教机构选出代表组建董事会。1916 年以前,该校董事会
由 American Presbyterian Mission, the American Methodist Mission,
the London Missionary Society and the Young Men's Christian
Association 这四家教会组织选派代表组成董事会成员,负责学校
的管理工作。1916 年,裴德士院长上任后,决定改组扩建董事会,
吸纳除上述四家以外的其他社会各界组织。董事会里包括
American Association of North China, the American Legation, the
British Legation, the American Legation, the British Chamber of
Commerce, the British Legation 及一些民间组织构成。这时的董事
会里吸纳了教育界、政治界、外交界、基督教教会等各界知名人士,
这不仅提高了华文学院的知名度和社会影响力,而且,也为华文学
院向世界研究中心发展的大目标构建了一个广阔的社会平台。

1917 年到 1918 年,新改组的董事会成员包括:Chauncey H. Fenn,美国领事 Julean Arnold, A. J. D. Britland, Rover Coltman, C. H. Corbett, J. G. Cormack, George L. Davis, D. W. Edwards, L. C. Goodrich 富路特, Fe Chi'I Hao, W. T. Hobart, H. S. Houghton, P. R. Josselyn, S. F. Mayers, B. E. Read, P. M. Scott, T. Severin, D. Z. Shelfield, John L. Stuart, F. T. Sung, Erie Teichamn, and David Z. T. Yui. [1](School prospectus 1918, Archives of the National Council of the Council of the Churches of Christ in the United States, Presbyterian Historical Society, Philadelphia)他们都是当时在北京非常有影响力的社会名流,在政治、经济、文化、教育、外交等各个领域里都为华文学院树立了良好的形象和声誉。

3.2.2 教学改革

3.2.2.1 师资培训一体化

在华文学院的教学改革中,一项重要的内容就是加强师资力量的培训。在当时,教学质量相对较低的主要原因是教师自身缺乏专业训练,这是存在于华文学院以及其他一些汉语学校中的共同问题。裴德士院长深知加强教师专业训练的重要性。所以,他上任后立即启动了教学改革方案,提高教师队伍整体实力。1916 年的《中国基督教年鉴》记载,当时华文学院具有一支训练有素的中文教师队伍。学习了西方先进的教学法和语言训练方法的裴德士院长,还亲自指导培训中文教师,将他学习到的西方先进的汉语教学法传授给学院的老师,使整体教学水平有了明显提高,揭开了

---

① School prospectus 1918, Archives of the National Council of the Council of the Churches of Christ in the United States, Presbyterian Historical Society, Philadelphia.

学院发展新的一页。

3.2.2.2　课程设置规范化

　　课程设置规范化是华文学院教学改革的重要部分。裴德士担任校长之后,在改革学校的教学体制上还存在一个过渡期。学校成立之初的几年,学生大部分是各地的传教士,早期课程的设置上偏重于基督教方面,所以,改革初期还必须满足已经入学并且适应了旧有学习方式的学生,同时又要将教学改革贯彻下来。早期入学的学生面临这样一种困境,就是他们的学习包括大量宗教方面的内容,然而,这与学习中文和提高中文水平并没有直接关系。华文学院设立了一个五年教学规划,学生必须在入学后的前 15 个月在校完成全日制课程,这些课程为必修课。之后,京外学生可以选择继续在京学习,或者返回各自所在地跟随辅导教师学习。学校定期在各地举办统一考试,考查学生的学习状况,决定学生是否可以升级。课程设置还有一个特点,就是讲求"因材施教"。由于招生范围的扩大,学生的组成包括了传教士、政客、商人、医生等行业人士。因此,课程要具有一定的应用性。学校要求学生在完成必修课之后,可以根据各自的实际需要选择选修课。学校的选修课被划分到五个系,他们是文学系、普通话系、中文圣经系、文理系、词源与写作系。学生可以自由选课,但是必须在前四个系里每个系修满两个学分。每个系会按照难易程度把课程列出,学生根据自身的能力选课。

　　到 20 世纪 20 年代初期,华文学院的课程设置已经比较健全,课程分为中文教学和文化培训,课程的形式为课堂教学和讲座。每周一至周五的上午都设有一门讲座,同时开设中文必修课程,下午是中文个人辅导、图书馆研修、答疑内容,晚上还会有演讲或者讨论课。恒慕义(Arthur William Hummel, Sr)曾经担任"中国历史"课教师，还担任历史学研讨班教师；"中国思维调查"讲座，目的在于培养学生了解中国传统思维规律和儒家哲学理念，他们讲授自先秦儒学至当时的传统思维，由博晨光（Mr. Porter）担任主讲老师。"墨子的宗教和哲学观"讲座，也是由 Mr. Porter 担任主讲，这一讲座集中选取《墨子》中的章节，以中文译文形式传授给学生。"中国国画"讲座，由 Mr. March 担任讲师。"中西方生活理念之不同"讲座是由 Mr. Fung 担任主讲人。"庄子的哲学思想"讲座也是由 Mr. Fung 担任主讲人。"当代学生的思想动向"专题讲座，教师从时下的报刊文献上摘取反映青年思想动向的文章，作为讲座的素材，从而分析和预测中国青年人的思想变化和思维取向。"中国文化的要素"，这一讲座分为多次讲座内容展现给学生，还会邀请一些中国知名的学者来到学院进行演讲，也会请美国的学者一同参与。讲座是双语进行的，主要是通过中西方学人对于中国文化的不同理解，来进一步使学生了解和体会中华文化的真谛。

经过改革之后的华文学院，已经开始将课程设置转向其教学宗旨和教育理念的未来发展的轨道上，华文学院正在向着"中国学研究为主，语言教学为辅"的模式转变。

3.2.2.3 设定学分制和学历证明

华文学院教学走向正规化的一个重要标志是实现"学分制"，这是西方现代教育在应用上的一个体现。学院规定，学生经过两年中文和文化课的学习后，必须修满 9 个学分，在学习期间的第三年学生必须修满 18 个学分，到第四年的时候学生需要修满 24 个学分，第五年完成时学生需要修完 27 个学分。学校将会根据学生所修学分情况为学生颁发结业证书，对于完成一年、两年、三年、四年课程学习的学生分别颁发资格证书，以证明该生在华文学院的学习经历。对于那些将五年的课程完成修完，并获得 27 个学分的学生,华文学院将授予他们毕业证书(Diploma)。

　　到 1924 年,当华文学院与燕京大学合作,共同作为哈佛大学在华合作伙伴以构建"哈佛燕京学社"的时候,华文学院并入燕京大学成为燕大的一个系,这时的华文学院有独立的领导权和人事权。合作使华文学院得以壮大、师资力量得到补充,燕京大学的教授开始在华文学院任教或者开设讲座。由于两校的合作,华文学院得到了壮大,它开始具有授予中国学方向硕士学位的资质。学校的课程设置了初级、中级、高级课程,其中,高级课程是专门为美国高等学府来华文学院的访问学者和研究生设计的。那些希望来华在学院、大学或者教会学校工作的美国学者和教授,都要首先来到华文学院接受语言和文化的训练,尤其是口语学习,然后他们会在接下来的实践工作中,不断摸索经验。多数的学者会在工作几年之后再返回华文学院进行中国学的研究,因为进行中国学的学习和研究要有一定语言基础和对中国文化的理解。这些学者会在华文学院继续完成他们的学业,最终获得相应的学历或者学位。与燕京大学的合作不仅巩固了华文学院的学术地位,也为华文学院能够取得硕士学位授予权奠定基础。

　　1931 年 6 月 5 日,"加州大学在中国"执行委员会召开会议,会议审议并通过了关于华文学院可以授予"文科硕士学位"的资质。"加州大学在中国"执行委员主席 David P. Barrows 宣布"华文学院的校长被授权向在华文学院完成全部规定课业的、并由裴德士院长于 1931 年 2 月 3 日前向"加州大学在中国"执行委员主席 David P. Barrows 提出书面申请的学生,颁发硕士证书。这些学生必须具备以下条件:第一,具备学士学位,或享有同等学力。第二,完成华文学院三年的课程,其中必须有四个学期是在校攻读课程。出示考试成绩,并具备中文听说读写能力。第三,提供本人在关于中国历史、文化、百科方面具有全面了解和掌握的证明，包括成绩单。同时，要求学生具有某一个研究领域的专长，例如：中国经济、哲学等。第四，提交一篇关于中国研究的高水平论文。"①由此可见，在华文学院获得硕士学位还是需要很高要求的。档案中有一封硕士学位授予推荐信，是裴德士院长 1932 年 6 月 20 日写给"加州大学在中国"董事会的。信中说："各位尊敬的董事，我写这封信是为了推荐 Rev. G. A. McIntosh，希望授予他硕士学位。McIntosh 先生在多伦多的 Knox College 获得学士学位，他在华文学院学习了三年，并且还在他处自行学习三年中文。McIntosh 先生条件足以符合我校授予硕士学位的条件，McIntosh 先生还出色地完成了两篇论文《A Translation of the Reviews of the Ming Dynasty Novels as given in the Ssu K'u Ch'uan Shu Tsung Mu》、《Certain Implications of the word 'Novel' up to the end of the Ming Dynasty》。我建议董事会能在收到此推荐信后，在董事会或者执行委员会会议上审议并予以同意授予 McIntosh 先生华文学院硕士学位。"这证明了华文学院授予硕士学位的严格程序。

3.2.2.4 教学方法

教学改革后，华文学院的教学方法采用"直接教学法"，即"语音习得法"。主要侧重于让学生达到"听说自如"的教学效果。先听，再说，最后是读和写的阶段。学生每天要从早上 8 点半到下午 3 点半在校学习，午休两个小时。每周除了几个小时的选修课，他们大部分时间在上中文课或者与他们的个别辅导教师学习。如果

---

① Minutes Executive Committee Meeting California College in China, 1931, June, 5, Archives of the California College in China Foundation, Special Collection, Honnold Library, Claremont, California.

和今天的对外汉语教学相比,当年的华文学院已经具备十分先进的教学方法和教学模式。而且,我们现代的汉语教学仍然采用"操练法",即以听说为主的"直接教学法",现今的汉语教学中常常采用的大班课与小班课结合的方式,也与华文学院的集体课和个别辅导相似。学院改变传统的教学方法,传统的教学方法是让学生学习古文、学习汉字,而新的学习方法是以应用为主,以交流和使用为主的教学。

3.2.2.5　丰富多彩的讲座

华文学院的改革宗旨是,由语言学校变成世界中国研究中心。学习汉语只是掌握了一个了解中国的工具。对于中国政治、社会、历史、经济、文化等各个方面知识的综合性获取,真正感悟到中国文化才是根本,为此,就要通过多种形式,例如:讲座、讨论会、演讲等。

在1917—1918学年,华文学院邀请中国、美国、英国的知名学者和社会人士前来讲座,这极大地丰富了教学内容,也是学院向多元化发展的一个起步。

1. 政治和社会类

"中国社会、国际、政治的需求"

Social, National, and Political aspirations of the Chines—Rev. E. W. Thwing

"中国古代文化的辉煌"

The Great Artistic Past of China—Dr. J. G. Ferguson

"中国的林业"

Forestry in China—D. Y. Lin

"中国哲学的社会基础"

The Fundamental Social Philosophy in China—Dr. D. W. Lyon

Opium—Rev. E. W. Thwing

"中国的公共医疗"

Public Health in China—Dr. W. W. Peter

"无度之中国"

Intemperance in China—Mrs. C. H. Goodrich

"中国的铁路系统"

Railway Enterprise in China—Dr. C. C. Wang

"中国对现代教育的态度转换"

Change of Attitude in Chinese toward Modern Education—C. D. Tenney

"中国的农村生活"

Village Life in China—A. H. Smith

"治外法权"

Extraterritoriality—R. P. Tenney

"中国政治"

Chinese Politics—W. Sheldon Ridge

"共和政府"

Constitutional Government—Prof. L. R. O. Bevan

"产业教育"

Industrial Education—Reve. W. H. Glesteen

2. 基督教历史和科学

"中国教会中传教士的角色"

Position of the Missionary in the Chinese Church—Fei Chi Hao

"中国妇女教育"

Education for Women in China—Dr. Luella Miner

"中国的医疗工作"

Medical work in China—Roger S. Greene

"传教士与中国人的关系"

Relation of the Missionary to the Chinese—R. R. Gailey

"传教士的准备"

Missionary Preparation—W. B. Pettus

"中国的神学教育"

Theological Education in China—Dr. C. H. Fenn

"在中国高层工作"

Work among the Higher Classes—Dr. Gilbert Reid

"传教士的知识储备"

Intellectual Preparation of the Missionary—A. H. Smith

"传教士的时代"

A Century of Missions—A. H. Smith

"传教士的生活"

Physical Life of the Missionary—A. H. Smith

"中国圣经的准备和传播"

Preparation and Circulation of the Bible in China—Dr. J. R. Hykes

"传教士的职能"

Business Life of Missionary—A. H. Smith

"中国公理会的历史和政策"

Congregational History and Polity in China—Rev. H. S. Martin

"中国长老会的历史和政策"

Presbyterian History and polity in China—Dr. C. H. Fenn

3. 文学和语言学

"中国小说文学"

The Fiction Literature of the Chinese—Dr. G. T. Candlin

"中国的语言"

The Chinese Language—A. H. Smith

"语音学"

Phonetics—W. B. Pettus

"新词汇和报纸"

New Terms and Newspapers—Mrs. A. H. Mateer

4. 宗教

"中国的宗教"

The Religions of the Chinese—Rev. C. L. ogilvie

(1917–1918 Prospectus of North China Union Language School, pp. 1–15, Archives of the National Council of the Churches of Christ in the United States, Presbyterian Historical Society, Philadelphia)

3.2.3　校园建设

自 1910 年建校以来,华文学院一直没有固定的校园,教室和学生宿舍都是在北京租用的民房,而且这些房子没有现代化的取暖设备。裴德士院长和校董事会决定筹集资金,建设自己的校园。

20 世纪 20 年代,华文学院已经在中国和美国取得一定的声誉和社会影响。设在纽约的基督教传教机构总部(American Mission Headquarters)组织多方筹集资金,在过去的十年里华文学院培养的毕业生已在各个行业领域里小有成就,他们对华文学院的学习经历是怀有感激和感情的,所以这些毕业生或者机构在筹集资金的过程中给予积极的配合,都伸出了援助之手。在费城 Presbyterian Historical Society 的档案资料中,我们收集了一些资料,反映了华文学院在当时产生的良好声誉:

耶鲁大学图书馆的比奇(Harlan P. Beach)教授说,"经过这几年成功的经营和发展,我可以很肯定地说华文学院在整个亚洲做到了最好。不同行业的精英人士在访问或者在华文学院学习之后,都会对它有很高的评价。他的毕业生也在各自的领域里大显身手。这都充分证明,华文学院是值得信赖的。"

洛克菲勒基金会中国董事会的顾林(Roger S. Greene)先生说,"毫无疑问这所学校(华文学院)做出了巨大的贡献,不仅仅是对传教士的贡献,而是对所有致力于中国研究的人 ……"

前美国驻华使节赖因施(Paul S. Reinsch)博士说,"华文学院对于中美之间以及其他各国之间的交往、沟通和理解做出了有益的贡献。我觉得这样一个重要的机构应该有一个属于自己的驻地。"

美国公使馆的负责中国事务的主席斯派克(Clarence J. Spiker)说,"中国研学院的迅速发展和壮大,在政府、传教机构、商界都取得了令人满意的收效。我们公使馆大概有 30 位左右的政府官员、军事人员、职员等在华文学院学习,这为他们的工作的顺利开展注力。"

加拿大驻中国传教机构负责人怀特(William C. White)说,"我无法想象,如果没有华文学院,我们的传教工作要进行下去是不可能的。"

可见,成立十年、经过改革发展的华文学院,在中国乃至世界都争取到了荣誉。而华文学院能够被认可,完全是出自其成功地培养和影响了一批对中国有着浓厚兴趣和强烈渴望的西方人。多年以后,我们又将发现这些人在中美外交、政治、经济、文化领域里展露锋芒,而这里也成为美国早期的中国研究学家的摇篮。享有良好国际声誉的华文学院,在裴德士院长及校董事会的积极努力下,在很短的时间里获得来自美国各传教团体和私人的捐款共

350000 美元，这里包括来自洛克菲勒等人的私人募捐。这笔钱足够他们在北京的中心购买五英亩土地，建起 15 栋现代化的教学楼。今天华文学院的主体建筑仍然屹立在北京市东城区的朝阳门附近。在 20 世纪初的北京城，这一群现代建筑真可谓是"鹤立鸡群"。2008 年 4 月，作者有幸陪同裴德士院长的孙子裴天杰一同参观了华文学院的旧址。这个建筑群已经被高耸林立的大厦掩盖住了。然而，一旦走近小巷，一种历史的沉淀感会油然而生，灰白的墙壁中渗透着中西合璧的建筑风格，依稀可以找到当年西洋人在这里熙熙攘攘地学习中国语言文字和文化的热闹场面。这次参观让我决定要搞清华文学院这段历史。还有一个有趣的小故事。当天，我和裴天杰一同走近华文学院旧址的一楼大厅，一位年过七旬的老人把我们拦住，询问我们为何来这儿参观，我们交代了来意。我问他是否了解这所学校的历史，他斩钉截铁地告诉我"这原来是一所日本人的学校"。那一刻，我告诉自己你需要弄清历史真相。

在华文学院的校刊《The New Mandarin》上有这样一段记载："校园建在清代宜公主的前花园遗址上，但是，现代化的学院展现了一派新的气息。校舍是砖瓦结构的现代建筑，具有先进的防火设施、中央供暖……三层高的教学主楼，两翼是与厨房相连的宿舍。三栋别墅是该校外籍教师的住所。主楼里有演讲报告厅、教室、自习室、图书馆和办公室。"①

华文学院在北京市中心建起了自己的校园，同时，还在北京京郊西山和河北省的北戴河海滨建立两个校区，这两个校区作为学

---

① Archives of the United States Board for Christian Higher Education in Asia, March, 1925. 9. Special Collections, Yale Divinity School Livrary, Yale University.

院举办暑期班的学习驻地。学校的修建采用了当时最现代的设施，操场、乒乓球台、网球场、花园，舒适安静的教学环境给华文学院平添格外的魅力。到1924年，华文学院已经建立起属于自己的校园。新校园满足了不断扩大的招生需求，美丽舒适的校园，优质的教学，也吸引更多来华的外国人前来学习。同时，他们返回各个国家又起到宣传的作用，这时的华文学院已经在世界上小有名气。

3.2.4 扩建华文学院图书馆

1925年秋，新建的校园落成，广大师生搬进了新校舍。经过了近十年改革发展的华文学院，已经初具研究性机构的特质。兴建中国研究图书馆是裴德士院长将华文学院打造成世界汉学中心的一个重点工程。在这十年中，图书馆的藏书不断扩大，已经涵盖了包括中国语言、风俗、历史、地理、政治、经济、文化、哲学、宗教等等方面的藏书，还收藏了很多古书。华文学院的图书馆不仅向本校学生开放，也向所有在京的外国人，以及前来访问的访问学者和汉学家开放。"华文学院的图书馆，就像 American Academy in Rome，American School of Classical Studies in Athens 的图书馆一样，成为世界文化中心"[1]。

20世纪20年代的时候，该图书馆拥有藏书20000卷，是世界上最大的中国研究图书馆。拥有这样一个专门的中国研究图书馆奠定了华文学院在世界汉学研究的中心地位，该图书馆除了中文藏书外，还有大量英文典藏，更大范围地满足世界各国读者的

---

[1] The Peking Mandarin, Archives of the United Board for Christian Higher Education in Asia, 1925. Special Collections, Yale Divinity School Library, Yale University.

需要。

1937 年日本入侵北京以后，裴德士院长冷静分析了当时的国际局势，决定把华文学院逐步撤回美国。裴德士借助华文学院毕业生史迪威（Joseph Warren Stilwell）将军的关系，将图书馆的大部分图书通过海运运回美国，这些宝贵的图书至今仍保存在美国加州克莱蒙特大学的亚洲研究中心。作者有幸参观了这个图书馆。看到纸张泛黄的书籍，思绪回到悠远的过去，可想在第二次世界大战的危急时刻，裴德士院长是如何费尽周折将这些宝贵的历史资料运到太平洋东岸。我不禁赞叹，裴德士院长对美国中国学是富有牺牲精神和远见卓识的伟人韬略。

裴德士院长利用上任后十年的时间，把一所语言学校改造成中国研究中心。学校董事会的组阁和扩大，筹募资金修建独立校园，建设研究型图书馆，甚至于教学理念的革新和教学模式的转换，都是华文学院走出单一汉语学校的小圈子，成长为一个让世界瞩目的中国研究中心的变迁之路。这十年的改革也为华文学院迎来了它发展的黄金时期，中国研究学不仅自身成为美国现代中国学学院化的典范，它也培养了一大批优秀的美国中国学家，而这些中国学家当然地成为了美国 20 世纪中叶的美国中国学领军人物。华文学院更大的贡献在于它影响了整个美国西海岸的中国学教育，它帮助诸多高等学校建立起亚洲研究、中国研究学系。华文学院在美国中国学史上的贡献是无法被历史掩埋住的。

3.3　华文学院与燕京大学合作
始末（1924—1928）

众所周知，哈佛燕京学社是近代最具标志性的美国中国学研究机构,然而,人们在为哈佛燕京学社的辉煌称道时,却忘记了决定哈佛大学与燕京大学成功合作的重要的因素——华文学院。华文学院作为一所直接面向美国人,专门教授中文及中国文化的美国涉外学校,在 20 世纪 20 年代以其显赫的学术地位具有很强的国际影响力。那么,读者可能会疑问燕京大学与华文学院是什么关系?哈佛燕京学社的成立又与燕京大学和华文学院有着怎样的纠葛?我们将带着这些疑问,向史料中寻求答案。

3.3.1　霍尔遗嘱与哈佛燕京学社

查尔斯·马丁·霍尔(Charles Martin Hall),美国著名化学家,金属铝的发现者,美国铝业公司创始人。霍尔 1863 年 12 月 6 日生于俄亥俄州汤普逊,毕业于俄亥俄州的奥柏林学院①,1914 年12 月 27 日卒于佛罗里达州德托纳(Daytona,Florida)。霍尔死后留下一笔巨额遗产,其中一部分专门用于发展教育事业。1914 年11 月 1 日,霍尔立下了遗嘱②。遗嘱总共十四项,主要可以划分为三个部分:第一部分,由于霍尔终身未娶,故他将遗产中一少部分分给自己的兄弟姐妹和亲属,家中的管家和佣人。第二部分,霍尔指定了遗产董事会遗嘱执行官——美国铝业公司董事长阿瑟戴维

---

① 奥柏林学院 Oberlin College is a private liberal arts college in Oberlin, Ohio. It was founded in 1833 by Presbyterian ministers, and is home to the Oberlin Conservatory of Music, making it the only top-ranked liberal arts college with a top-ranked conservatory. The school is noteworthy for its early admission of African-Americans(1834) and women(1833) into the academy. A study found that more 1999 - 2003 Oberlin College alumni receive doctorates than do alumni from any other liberal arts college in the country.

② CHARLES MARTIN HALL(1863 – 1914) "LAST WILL AND TESTAMENT OF CHARLES M. HALL"(Oberlin College Archives).

斯（Arthur V. Davis，of Pittsburgh，Pennsylvania）和霍尔的律师及遗嘱起草人荷马约翰逊（Homer H. Johnson，of Cleveland，Ohio）。遗产执行官将在他死后的 15 年内负责经营他的全部财产，包括股票收益、租赁效益、美国铝业公司的股份以及所有的资产收益。他委托两位执行官将财产中的 80 万美元捐给母校俄亥俄州奥柏林学院，其中 20 万美元用于霍尔所捐赠的那些土地的遗产税和土地维护费，余下的 60 万美元用于奥柏林学院的校园建设，他希望改建学院的报告厅。第三部分，霍尔决定将他死后 15 年内遗留财产经营所得的全部财富（除以上两部分）用于教育发展事业。1/3 捐给奥柏林学院，1/6 捐给肯塔基州的伯里亚学院①，六分之一捐给美国的教会组织，另外 1/3 构成"霍尔海外教育基金"，专门用于海外的教育。②

　　这里我们需要关注的是"霍尔海外教育基金"。遗嘱对于这笔资金的使用作了详细的要求：第一，这笔资金要用于发展海外的教育事业，主要研究方向是亚洲大陆、日本、土耳其，以及欧洲的巴尔干地区。第二，霍尔遗产董事会有权利考察并执行这部分资金，用于已经在海外建立的或即将设立的教育机构的建立和发展。第三，这些教育机构的董事会要有英国人和美国人共同承担。第四，这些教育机构的目的不是为了传播宗教神学。

　　1924 年，当哈佛大学得知霍尔遗嘱留下一笔巨额经费用于发展教育，即向霍尔遗产董事会提交了一个申请方案。可是，根据霍尔遗嘱的要求，哈佛大学并不符合申请条件，哈佛大学不具有独立

---

　　① Berea College of Berea，Kentucky.
　　② CHARLES MARTIN HALL（1863 – 1914）"LAST WILL AND TESTAMENT OF CHARLES M. HALL" Ⅸ Ⅹ（Oberlin College Archives）.

申请霍尔遗嘱所指定用于海外教育的这笔资金的资格。在霍尔遗嘱董事会的建议之下,哈佛大学决定在亚洲大陆的中国寻求一个合作伙伴以满足霍尔遗嘱的条件。哈佛大学为了获得霍尔教育基金,向霍尔遗产董事会递交了建立"东方教育研究学社"(Institute of Oriental Education and Research)的草案。"哈佛东方教育研究学社方案是根据哈佛大学的实力、美国的东方问题研究以及参照哈佛大学艺术系教员兰登·沃纳(Langdon Warner)1914年提交给华盛顿史密森协会(The Smithsonian Institution)的考察报告制定的。该报告是沃纳受史密森协会委托,于1914年秋回美后根据自己在中国、蒙古和交趾支那①(Cochin China)一年半的考察和对欧洲各大学和博物馆近几个月的参观访问,就该协会在北京建立一所美国考古学校的可能性写出的长篇秘密考察报告。报告对于美国开展亚洲历史、考古、艺术、民俗学、音乐和宗教等研究的重要意义、所具备的条件、与亚洲学者合作的可能性、研究成果的出版、图书馆的建立以及职员队伍的建设等各个方面的问题提出了建议。方案的主要内容有:哈佛大学在北京建立和维持一个东方教育研究学社,作为在整个远东的活动总部,并尽快在东京、君士坦丁堡及其他理想地区建立分社。学社的主要目的不是要将西方教育体系强行植入东方国家,而是用西方的科学方法调查研究东方文明。学社的工作重点是开展"人文科学",特别是艺术和考古的教学和研究,包括收集、挑选、保存和研究东方书籍、碑志、艺术品和古代墓碑等;并用西方的先进方法训练和培养东西方各国学者,尤其是年轻一代学者,以增强他们对东方文明的认识。学社在任何时候不能以任何借口干涉远东或美国的政治问题,它派到东方的美国

---

① 交趾是中国古代对越南的称呼。

学者应进行纯学术的研究。Wallace B. Donham, "A Proposed Institute of Oriental Education and Research," W. B. Wallace Papers, HYI Archives." ①这就是哈佛大学提交的方案,为了寻找一个合适的合作伙伴,哈佛大学派兰登·沃纳②前往中国考察。沃纳本人对中国情有独钟,之前在中国西部敦煌的考古使他对中国文化所独具的魅力无比向往,所以,深入探究中国的历史文化,了解、解读甚至在美国推广中国文化都是沃纳此次前往中国考察的目的。

3.3.2 哈佛大学在华考察合作对象

1924 年,沃纳为首的哈佛大学考察团来到中国寻求合作伙伴。沃纳一行先后考察过岭南大学、金陵大学、上海圣约翰大学,但最终他们将目标锁定在北京。此时的华文学院已经具有 14 年的办学经验,1916—1924 年经过全面改革后的华文学院具有独立、完整的教学体系,不但教授中国语言课程,还开设了历史、文化、地理、政治、经济、外交等课程。华文学院的办学宗旨是探寻中国文化以教育西方学人,这与沃纳的"大方案"和霍尔遗嘱的要求完全吻合。这一时期,扩建后的华文学院图书馆已经成为世界上最大的中国学图书馆,拥有中文藏书 20000 余册,这为在华的西方学者提供了一个研究中国文化的资料库。图书馆还保有大量西文书籍。教学改革的实施,招生面积的扩大,以及裴德士院长本人的社会影响力,都使华文学院成为一所美国设在海外的重要的中国

---

① 樊书华:《哈佛大学与哈佛燕京学社的建立》,《美国研究》1999 年第 1 期。

② 兰登·沃纳(Langdon Warner,1881—1955),哈佛大学艺术系教授,艺术史家。对中国历史文化有浓厚的兴趣,研究丝绸之路。他曾经多次到中国考察敦煌文化,1924 年他考察敦煌壁画时将大量文物私自带回哈佛。

学机构。根据霍尔遗嘱,华文学院完全符合遗嘱的要求:华文学院
是一所建在海外——亚洲大陆上的中国——的教育机构,其办学
是为了教授美国人中国语言和文化,对中国的政治、经济、历史、教
育、艺术等各方面进行研究。沃纳先生和华文学院的裴德士院长
也有着多年的交情,在沃纳初次来华考察时两人就多次会谈,沃纳
对裴德士院长开展中国文化教学与研究的办学理念十分认同,这
为华文学院与哈佛大学合作奠定了坚实的基础。就此次的合作,
裴德士表示积极的态度,沃纳认为华文学院的办学宗旨和目标完
全符合哈佛大学的意图,与其合作很可能会发展成为目标中的学
社。沃纳在北京考察期间也把国立北京大学作为哈佛大学的考察
对象,沃纳认为福音传道的时代已经过去了,美国人更需要做的是
了解中国的历史和文化精髓。所以,有着国学传统而且在中国最
有影响力的国立北京大学和华文学院是最有可能成为哈佛大学合
作目标的机构。

　　燕京大学成立于 1916 年,是由美国会、美国公理会、美北长老
会、英国伦敦会四个教会组织,将汇文大学、华北协和女子大学和
通州协和大学三所学校合并而成立的一所教会大学,校长司徒雷
登。起初,燕京大学的名称是北京大学,英文名字为 the University
of Peking;而当时在北京还有一所国立北京大学,其英文名字为
the National Peking University,两所学校的名称极容易混淆,所以,
中国政府希望燕京大学改名,于是燕京大学董事会最终决定将北
京大学改名为燕京大学,从 1925 年开始改名为燕京大学,而国立
北京大学继续使用北京大学的名称。这就是燕京大学的名称由
来。燕大在成立之初,无论是师资力量还是经济状况很弱势。
1921 年,燕京大学在北京西郊购买一块土地准备建立自己独立的
校园,发展学校建设。发展中的燕京大学急需资金支持,他们开始

积极争取霍尔遗产,能否争取到霍尔海外教育遗产对于刚刚发展起来的燕京大学起着生死攸关的作用。燕京大学是一所地地道道的教会大学,它的办学宗旨是培养西化的中国神职人员,虽然燕京大学具有西方现代化的教学方法和教学理念,但是它与"大方案"的目标相去甚远,"大方案"是要学习和挖掘东方文化并输入西方,所以,沃纳并不看好燕京大学,沃纳仍坚持认为,与燕京大学相比华文学院更有助于目标的实现,因为让华文学院增加西方的方法研究中国文化远比让燕京大学完全改变教学和研究方向容易得多。在 20 世纪 20 年代,美国更加需要一个中国研究机构,而不是一所在华培植宗教信徒和神职人员的学院。然而,司徒雷登并没有灰心,他仍旧积极地争取不断完善自身条件,在中国的民族主义浪潮中,司徒雷登顺应历史潮流,在燕京大学的教职工队伍中大量吸收中国教师,使它的西方神学色彩大大削弱。

3.3.3 华文学院促成哈佛燕京学社成立

燕京大学从自身发展的角度考虑,为成为霍尔遗产合法继承人而积极努力。沃纳建议燕京大学与华文学院合作,华文学院的加入足以强化燕京大学教学上的中国文化的特质,这样就弥补了它办学理念上与哈佛大学的要求之间的差距。燕京大学校长司徒雷登欣然接受这一建议。司徒雷登与裴德士是世交,他们都来自美国阿拉巴马州,儿时就是玩伴,现在又都身处中国从事着教育事业。虽然裴德士与司徒雷登在办学的理念上存在很大的差异,但是为了学校的发展,为了霍尔遗产海外教育资金的顺利注入,两人很快达成合作共识。华文学院将并入燕京大学,成为燕京大学中国学系,华文学院这时更名为燕京华文学校,学校行使独立领导权,裴德士仍担任校长。1925 年夏天,与华文学院合作之后的燕京大学被正式列入哈佛大学的合作对象。1925 年 9 月 10 日,哈佛大学代表、燕京大学校长司徒雷登、华文学院院长裴德士三方在剑桥举行了高层会谈,达成合作共识,并拟定将要成立的学社命名为哈佛—北京中国研究学社(The Harvard Peking Institute for Chinese Studies)。经过多次会谈和商议,根据霍尔遗嘱的意见确定了学社的董事会、学社的宗旨、学社的运行模式、管理机制以及霍尔资金的分配等等诸多细节。直至 1928 年 4 月,最终成立了哈佛大学与燕京大学、华文学院合作建立的"哈佛燕京学社"①。

哈佛燕京学社的由来如果单从名称来看,我们很容易忽视一个重要学术机构——华文学院,然而,不可否认的是,华文学院是哈佛燕京学社成立的一个必要因素。

3.3.4　合作给华文学院带来的益处

华文学院与燕京大学短暂的合作也在教学方面为华文学院注入了新鲜血液。作为燕京大学中国研究系,在此期间开设了除汉

---

①　关于学社的名称问题,各方曾提出过不同的建议,如"哈佛东方教育研究学社"、"哈佛-北京中国研究学社"、"哈佛-东方学社"、"剑桥-燕京学社"、"波士顿-燕京学社"或"马萨诸塞-燕京学社"。经过反复协商,最后采用了 1925 年 9 月 10 日会议决定的名称"哈佛-北京中国研究学社"。由于燕京大学的英文名称后来由 Peking University 改为 Yenching University,学社名称也随之改变。1927 年 12 月 15 日,谈判三方同意将筹建中的学社的名称正式改为哈佛-燕京中国研究学社(The Harvard Yenching Institute for Chinese Studies)。Letter from Eric M. North to James H. Woods,Jan. 22,1926,J. H. Woods Papers,HYI Archives;Letter from E. M. North to John L. Stuart,May 24,1926,J. L. Stuart Papers,HYI Archives;Letter from A. C. Coolidge to Wallace B. Donham,Dec. 28,1928,W. B. Donham Papers,HYI Archives;Letter from Eric M. North to A. C. Coolidge,Dec. 15,1927,A. C. Coolidge Papers,HYI Archives(樊书华:《哈佛大学与哈佛燕京学社的建立》,《美国研究》1999 年第 1 期)。

语教学以外的丰富的中国学课程。这一时期,华文学院历史系教师恒慕义①在此讲授历史课,还开展了各种形式的中国历史研讨会。这时的中国研究系进行中国人的思想调查,目的是为了研究从前孔子时代到如今,中国人民的思想变化。开展了墨子、庄子的宗教和哲学思想的学习。还开设中国国画课,中西思想文化比较课。对中国文化的因素以及中国学生的思想进行研究。② 合作促进了华文学院在学科建设上的提高。合作使华文学院得以壮大、师资力量得到补充,燕京大学的教授开始在华文学院任教或者开设讲座。由于两校的合作,华文学院得到了壮大,它开始具有授予中国学方向硕士学历的资质。学校的课程设置了初级、中级、高级课程,其中,高级课程是专门为美国高等学府来华文学院的访问学者和研究生设计的。那些希望来华在学院、大学或者教会学校工作的美国学者和教授,都要首先来到华文学院接受语言和文化的训练,尤其是口语学习,然后他们会在接下来的实践工作中,他们不断摸索经验、逐渐掌握这门语言。多数的学者会在工作几年之后再返回华文学院进行中国学的研究,因为进行中国学的学习和研究是要有一定语言基础和对中国文化的理解的。这些学者会在华文学院继续完成他们的学业,最终获得相应的学历或者学位。与燕京大学的合作不仅巩固了华文学院的学术地位,也为华文学院能够授予硕士学位奠定基础。

四年的时间,华文学院从被指认为哈佛大学第一合作对象,到与燕京大学合作走向瓦解,经历了一次成长的历程,也更进一步明

① 恒慕义(Arthur W. Hummel,1884–1975),美国著名汉学家、历史学家、早年基督教中国传教士。1915年被美国公理会派到中国山西,曾在华文学院任教。1928年回到华盛顿任美国国会图书馆东方部第一任主任。

② 资料来自耶鲁大学图书馆特别收藏1926年亚洲基督教高等教育资料。

确了华文学院发展中国学的取向。与燕京大学合作失败之后,裴德士院长没有放弃继续发展华文学院的信念,他立即起程返回美国本土,开始寻求新的合作伙伴和支持。因为 20 世纪 20 年代末的世界形势和中美关系决定了,美国的中国学发展已经不再是一个盲目的"自觉阶段",而应该发展成为有目的、有方向的专门研究和学院化研究的时期。裴德士院长的再次努力改革,迎来了华文学院发展史上的黄金时期。

4 全面发展——与加州的
大学合作(1929—1945)

自 20 世纪 30 年代开始,华文学院得到美国加利福尼亚州各大学的支持,从而迎来了华文学院发展的新阶段。与美国加州的大学合作,不仅促进了北京华文学院自身中国学的高端发展,同时,更为美国西部中国学的兴起助力,华文学院成为美国西海岸诸多大学中国研究的启蒙。华文学院在 20 世纪 30 年代时,成为加州的诸大学在中国的"姊妹校",与同时存在的耶鲁中国项目、哈佛中国项目形成东西互补的学术态势。

4.1 华文学院发展的新起点

4.1.1 华文学院获得加州大学支持

1928 年底,在与燕京大学合作宣告破裂之后,裴德士院长起程回到美国,开始他新的一轮"外交活动"。裴德士院长首先回到纽约,他走访各界名流、高等院校、政府官员,在美国的东岸进行游说,希望获得资助。因为有大批美国的商人、政治家、教育家在华文学院学习或者访问,裴德士在美国东部的演讲、宣传等活动得到了大力支持和关注。当裴德士院长来到美国西海岸加利福尼亚州的时候,让他异常惊讶地发现,加州对中国的兴趣远远超出他事先的预想。正在崛起的美国西部,不但经济上发展迅速,在学术上也渴望全面的提升,他们表现出对中国的热情和对中国研究的关注。

　　谈到在加州游说的经历时,裴德士院长有这样的感言,"说实话,我去加利福尼亚州游说并没有抱着很大的希望,这是基于我认为他们对中国了解甚少或者说他们对中国研究缺乏兴趣。可是令我惊讶而又倍感欣喜的是,加利福尼亚州作为一个整体,对于中国的了解和渴望认知的程度远远高于美国其他地方;几乎所有的学院都有关于东方学主体的课程,而加利福尼亚大学在这方面做得更好。"①加利福尼亚是美国最西边的一个州,自美国的"西进运动"以来出现了三次向西部移民浪潮。直至19世纪末,随着美国现代化进程的推进,"西进运动"基本结束。尤其是加利福尼亚发现金矿,西部出现了移民的热潮,同时,也带来了西部经济的大发展。加州对东方特别是中国存有很大的兴趣是有其合理性的:其一,作为一个移民众多的州,加利福尼亚在多重文化碰撞下的教育自然也是多源的。美国作为一个移民国家本身就是一个文化的多元体,而加州在美国又是最典型的移民州。19世纪40年代开始,大量来自中国广东等地的成年男子加入美国西部的淘金大军,他们往往是迫于生活压力而背井离乡,却成为美国早期的中国移民。到了1860年时,大约有10000名华工在美国西部从事着中央太平洋铁路的修筑工作。1870年,在各大矿山工作的华工达17000多人,同时还有约2000人在从事手工业生产。但是到了20世纪初期的时候,随着铁路的建成,采矿业的衰落,中国移民越来越多地到城市里找工作,从此集中居住到各个城市里去。当时的情况是,

---

　　① Minutes of a meeting of the Board of Managers of North China Union Language School, Archives of the California College in China Foundation, Special Collection, Honnold Library, Claremont, California.

多数中国移民都居住在美国西部。据统计数字表明，一半以上的中国移民住在太平洋沿岸的几个州内，另外一个中国人比较集中的地区则是美国东海岸中部沿海地区，包括纽约，但这只占所有中国移民的 1/5。移民大军中中国人的比重自然影响到整个加州乃至美国西部对中国的认知。其二，美国西部经济的发展自 20 世纪初期开始，当美国向中国市场迈进的时候，西部大开发的商人势必将目光对焦中国，中国市场是他们经济扩张的一块宝地。第三，中国作为有着深远历史的文明古国所散发出来的神秘吸引力，以及 19 世纪末到 20 世纪初这一时期中国所面临的国际国内形势变化，都引起美国的关注。美国西海岸地理上得天独厚的海运资本、经济上处于腾飞阶段的特殊时期，必定使他们倍加关注中国。而且，这一时期"加州的任何一所学院或者大学在中国都没有一个'姊妹校'（档案中英文原文为 sister institutions，或者译成合作单位），他们很渴望建立这样一种联系。"[1]这时，无论是加州的各个大学还是华文学院，都在酝酿建立一个"加州大学在中国"项目。

作者在整理华文学院的档案时发现一个关于《加利福尼亚需要"加州大学在中国"的原因》报告（California Needs California College in China By Reason of），报告就加州为什么需要在中国建立一个合作机构总结出了四类 23 点原因："经济方面原因，中国今天的文明是源于它四千多年的文化、艺术和自由的发展，与东方不断增长的贸易往来，为求经济发展而必须的立体型思考方式的建立，目前对于东方文化的缺乏理解是经济贸易发展的障碍，现在

---

[1]　Minutes of a meeting of the Board of Managers of North China Union Language School, Archives of the California College in China Foundation, Special Collection, Honnold Library, Claremont, California.

美国人大量的钱用来学习中文而不是了解中国,而真正的了解基
于对中国语言、历史、地理、政治、经济、外交关系、传统、宗教乃至
诗歌、文学及艺术等的全面了解;教育方面原因,预计在未来的五
年内,太平洋沿岸的每所大学都要设立一个东方学系,而且为致力
于中国研究的学生提供奖学金,并让最优秀的人有机会深入中国
学习;外交方面原因,今天的东方世界(指中国)在美国的外交中
占据着极为关键的地位,中国的领土、资源、贸易和不可预计的商
业机会不容忽视,靠武力、侵略和不平等待遇获利的年代已经结束
了。在美国还没有一所专门为培养中国外交人员的学校,而英国、
法国、德国都有这类学校。太平洋沿岸独特的地理位置使一些本
土学生倾向于经济的原因,寻找机会学习中国历史和外交方面的
知识。世界和平方面原因,中国人民一向推崇自己的文明是最崇
高的,然而理解一种文明最关键的是懂得这种文明是怎么样教育
一个普通的百姓、政客、军人或者学者的。通过'加州大学在中
国'这个窗口我们可以亲密接触中国文化,而终极目标是为了和
平使命,现在我们所建立的这一切都是为了将来不需要更大的投
入,希望通过加州大学在中国项目吸引更多的有识之士,成为加州
的使者。"①加州大学与北京华文学院的合作不是盲目的,也不是
凭着一时的热情。他们是有了充分思想准备,而只是等待一个时
机的到来。然而,华文学院无论从自身的实力还是从它恰当的登
场时机,都将为双方带来一台精彩的演出。

　　裴德士院长在加利福尼亚州的几所大学里作了关于"华文学
院"的报告,他也向加州的教育机构和教育家发出诚恳的邀请。

---

　　① California Needs California college in China by Reason of, Special Collection,
Honnold Library, Claremont, California.

加州方面的回应是积极的。加州各大学组成了"加州大学中国基金会"(the California College in China Foundation),在该基金会的支持下成立"加州大学在中国"项目(California College in China Foundation Cooperating the College of Chinese Studies),为此加州各大学也发出了自己的声音:

斯坦福大学(Stanford University)校长威尔伯(Ray Lyman Wilbur)说,"我曾经和钱德先生说我对这个项目(加州大学在中国)非常支持,很有兴趣,我会为此尽我所能……"

加州大学洛杉矶分校(University of California, Los Angeles)校长穆尔(Ernest C. Moore)认为,"我们需要培养一百、三百,不,是五百……更多的美国学生,让他们了解东方,尤其是中国的国情和各方面的事情。如果我们在美国的大学里做这个事情,在时间和经济上的消耗都很大而且收效不会太好,但是现在有了这样一个机构真是太好了……"

太平洋学院(Pacific College)校长诺尔斯(Tully C. Knowles)指出,"我认为建立起教授访问计划,将是中美国际间互相了解的最有价值的举措。"

加州理工大学(California Institute of Technology)校长米利肯(Robert A. Millikan)指出,"我觉得建立起中国和太平洋沿岸教育机构之间的合作是非常重要的,我会鼎力支持……"[1]

裴德士院长不仅给北京的华文学院找到了合作伙伴,更为美国西部的中国学发展注入了新的活力,这为华文学院迎来了一个发展的春天,也为美国中国学史写下了光彩夺目的一页。

---

[1] What California Educators Say, Special Collection, Claremont, California.

4.1.2　加州大学中国基金会①成立

裴德士院长在加利福尼亚州高校的演讲中深入地介绍了改革后的华文学院。这时的华文学院是唯一一所为英美两国大使和外交官员、美国军队在京军官、西方商人、学者和传教士提供教学服务的学校。五年制的教学体制已经成功地打造了一批精通中文和了解中国文化的学生。这些学生不仅懂语言，而且精通历史、哲学，了解和理解中国人的生活方式和处世方式，这样对于他们适应中国的生活，在中国的工作岗位上做出突出业绩大有帮助。华文学院也是一个教学与研究型一体的机构，学校拥有藏书两万册的图书馆，这些书籍涵盖了中国的历史、地理、政治、经济和生活等多个方面的内容，是研究中国学的一个资料库，这也是当时此类图书馆中规模最大、最全面的一个中国学图书馆。裴德士院长还说，"美国学生必须要意识到，美国人对于中国的政治经济问题是缺乏认识的，单靠美国教科书上标注的内容是无法认识这个有着几千年历史的国度，要想揭开这层面纱首先要精通汉语……商人们也在逐步意识到，靠买办作为中间人的商业交往已经过时了，要抓住中国这个市场必须先了解中国。"②

在档案资料中有一份由"加州大学在中国"董事会拟定的关于华文学院"加州大学在中国"的计划方案：

"简而言之，我们的计划是要与'加州大学中国基金会'合作，在加利福尼亚州宪法指导下成立董事会，而董事会成员由加州各大学、学院的校长，以及同等人数的商人和专家共同组成。目的在

---

①　California College in China Foundation Cooperating the College of Chinese Studies.

②　W. B. Pettus, Speech at the Chamber of Commerce of Los Angeles, Archives of the California College in China Foundation, Honnold Library, Claremont, California.

于加强华文学院的实力,使其成为'加州大学在中国'项目在中国办学的实体机构,并且,在华文学院与加州各大学之间实施'访问学者'互访计划。加州大学中国基金会预计募集的基金为 60 万美元……"

"我们确信前往北京华文学院的教授或者副教授,经过一年或者一年半的访学,必将提高他们在中国学领域的研究能力,增强他们对中国历史、政治科学、经济、哲学、社会学、宗教等方面的认识。这也必将鼓励大量的美国学生产生对中国研究的兴趣,并且也到北京致力于中国学的研究……"

"美国人对于中国古代历史文化并不陌生,就如同美国大学里对罗马和希腊的研究一样。美国在罗马和希腊也有专门的学校研究其语言和文化,但是他们的研究内容主要集中于中世纪的文化和古籍研究。华文学院有所不同的是,他不仅仅局限于语言的学习,它更注重的是对中国文化整体的全面理解和认知。美国和欧洲已经深入了解希腊和罗马的文明,而且我们知道自己的历史根植于这些文明之中。然而,我们的未来更多的是与中国息息相关,我们要如同那些美国的中国学生以及在美工作的中国人了解美国一样,去了解中国的语言和文化。"

"虽然华文学院为教育美国和欧洲人做出了贡献,但是它局限于对中国语言和文化的传播,而且大多数中国人认为华文学院是中国的附属。我们要把华文学院建成加州的代表,让它承担鼓励和提升中美关系,尤其是中国和加州之间关系的任务。"①

裴德士介绍了华文学院的状况,也提出了加州各大学与华文

---

① California Colleges in China, Archives of the California College in China Foundation, Honnold Library, Claremont, California.

学院合作的计划,经过反复商议和讨论最终依据加利福尼亚州宪法成立"加州大学①中国基金会",由各大学校长或者副校长担当该基金会的理事,共同致力于该项目的发展。加州大学中国基金会负责募集资金扶植加州大学在中国项目,加州大学在中国项目的中国教育机构即为华文学院,裴德士仍担任校长,并同时担任该基金会的理事。

1929 年 4 月 18 日,洛杉矶经济法庭写信给裴德士院长,明确表示支持他的计划并决定建立基金会,信中写道:

"加利福尼亚州与中国有着紧密的联系,加州的中国移民在加州的建设上起了至关重要的作用,而现如今中国已经成为加州最大的贸易对象国。可是,美国人对中国历史、文化、艺术等方面的了解还很粗浅,加利福尼亚的大学和学院应该在中国历史、哲学、经济、政治和社会科学方面提高教学能力。也要鼓励一些优秀的学生和教师到中国开展他们在中国学领域的研究。美国驻华大使馆已经开始与美国经济法庭以及其他中国在华团体取得合作,共同致力于经营华文学院的项目。华文学院是一所为美国政治家、外交家、军官、商人和学者提供研究生教育的机构,不仅拥有一支五十人的教师团队而且有独立的校园。

"基于各大学诸位校长的共识,Edmunds, Von KleinSmid, Wilbur, Knowles, Millikan, Dexter and Bird, Director Moore, Mr. Harry Chandler, Mr. M. Elsasser, Mr. Arthur Bent 等,我们决定根据加利福尼亚州宪法建立一个基金会,由一个独立的董事会掌管,这个董事会的成员要由加州各大学掌管经济或者教学的校长担任,这个基

---

① 加州大学不特指加利福尼亚大学,而是泛指加州的各学院和大学的联合体。

金会要全力扶植华文学院的发展。华文学院将更名为'加州大学在中国'（California College in China Foundation Cooperating the College of Chinese Studies），使其成为中美高等教育对话的窗口，从而提高美国人对中国的了解，也要让中国人知道我们对他们的尊重和对他们生活及社会制度的了解渴望。"①

在各大学的积极配合下，"加州大学中国基金会"很快成立起来。根据加州宪法对于董事会的构成和运营的明确规定，华文学院成为加州各大学在中国设立的专门培养中国学家的学术机构，一时间使得华文学院在海内外的影响力得到进一步提高。加州大学在中国项目的建立在当时也引起了很大的社会反响。我在翻阅档案时发现，一份1930年3月10日《San Francisco News》上发表了一篇题为"加州人背后的大学——北平华文学院"（Californians Back College in Peiping—New Pledges Made for College to Aid China），这篇文章公开介绍了董事会的组成及主要成员，告知公众华文学院一直以来作为一所美国中国学涉外机构所取得的成绩，同时提及加州学术界启动这一项目的及时性和必要性，文章还涉及访问学者计划的内容，"加州各大学将向华文学院派出访问学者，目的在于让他们带动美国本土大学的中国学发展和学科建设。"②可见，这一事件所关乎的不仅是一个华文学院和加州的几所大学，它关系到整个加州、美国西岸，甚至整个美国学术界对中国学的认知。

---

① Letter of Los Angeles Chamber of Commerce 1929, April, 18, Archives of the California College in China Foundation, Honnold Library, Claremont, California.

② Californians Back College in Peiping—New Pledges Made for College to Aid China. 1930, March, 10. Archives of the California College in China Foundation, Honnold Library, Claremont, California.

经过一年多游说,裴德士院长终于寻找到最适合华文学院的合作伙伴,从此,华文学院作为"加州大学在中国"项目担当起培养在京以及来华——主要是美国加州——学生和学者的任务。这如同一股洪流注入华文学院这片海洋,它将激起美国中国学的千层浪花。

4.1.3　访问学者计划

20 世纪 30 年代初,华文学院完成了与加州各大学之间合作关系的建立。"加州大学在中国"项目中重要内容是"访问学者"计划,这一项目是加州与华文学院合作的大学,可以向华文学院派驻访问学者,即 Seeley Mudd Visiting Professorship①。从 1930 年到 1937 年期间,根据该计划,加州的大学陆续向中国北京派出中国学方面的教授,这些教授多数是在某个自然科学或者社会科学领域里有所建树,同时对中国问题十分关注,并致力于从事中国研究的学者。他们在华访学期间,一方面,担任华文学院的专业课程的教师,同时,举行各类讲座、演讲和研讨会;另一方面,这些学者与美国本土的学术界保持密切联系,他们不时地将在华的所见所闻以及学术成果传递回美国。这一时期的访问学者活动,给华文学院的学术发展带来生机,同时也为加州乃至整个美国本土的中国学,特别是对美国高等院校中国学专业的学科建设提供了积极的动力和支持。"在 20 世纪 50 年代以前,美国西部大部分高等院校

---

① Seeley Greenleaf Mudd,（April 18,1895－March 10,1968）was an American physician,professor during his lifetime. Dr. Mudd contributed more than ＄10 million to private colleges and universities citation needed. Via his will,he created the Seeley G. Mudd Fund to continue the work"that educational excellence be supported in the form of grants for the construction of buildings for teaching,learning,and research."

和几乎加州所有的大学都与北京的华文学院有联系。"①访问学者
计划在对中美学术机构之间的文化交流,对促进美国中国学的专
业化发展等方面做出了不可估量的贡献。"华文学院的贡献是不
言而喻的,这不仅体现在它为来华的美国人提供教育服务,更重要
的是它广泛地传播了中国的知识,它为一些美国教授提供了工作
的机会,而这些人回到美国之后,成为一座'文化桥梁',在美国传
播他们在华亲身体验和学习到的知识。"②

"访问学者计划"得到华文学院和加州各大学的极大关注,这
一项目的董事会是由加州几所重要大学的校长组成。可见加州大
学对于向华文学院派出访问学者这一计划是十分重视和关注的。
这一董事会组成由以下各大学的校长担任③:

加州理工大学 California Institute of Technology,Pasadena. Dr.
Rovert A. Millikan;太平洋学院 College of the Pacific,Stockton. Dr.
Tully C. Knoles;密尔学院 Mills College,Oakland. Dr. remsen DuB.
Bird;珀玛纳学院 Pomona College,Claremont. Cr. Charles K.
Edmunds;斯坦福大学 Stanford University,Stanford University P. O.
Dr. Rovert E. Swain;加州大学洛杉矶分校 University of California at
Los Angeles. Dr. Ernest C. moore;南加州大学 University of Southern
California,Los Angeles. Dr. Rufus B. von KleinSmid;惠蒂尔学院
Whittier College,Whittier. Dr. Walter F. Dexter。

---

① "Institutional Development and Legacy",Zhang Weijiang,PhD Dissertation P.
79,Claremont Graduate University,Claremont,California.

② Report of the Board of Trustee,1935,January 9,Archives of the California
College in China Foundation,Honnold Library,Claremont,California.

③ Personnel of Boards and Committees,1930,Archives of the California College
in China Foundation,Honnold Library,Claremont,California.

自 1930 年开始,在 Seeley Mudd Visiting Professorship 的资助下,来华文学院访问的教授有:

Wilbur H. Long(1930,University of Southern California 南加州大学)

N. Wing Mahs(1930,University of California 加利福尼亚大学)

Kenneth J. Saunders(1930,Pacific School of Religion 太平洋神学院)

Ben Dorfman(1930,University of California 加利福尼亚大学)

Russell M. Story(1931,Scripps College,Claremont 斯克利普斯学院)

Arthur G. Coons(1933,Claremont Graduate School and Occidental College 克莱蒙大学和西方大学)

Ralph T. Flewelling(1933,University of Southern California 南加州大学)

Willard Lyon(1933,Pomona College 珀玛纳学院)

John B. Appleton(1935,Scripps College,Claremont 斯克利普斯学院)

Glenn E. Hoover(1935,Mills College 密尔学院)

这些前来华文学院访问的学者都在各自的专业领域里,为华文学院和加州的中国研究做出了自己的贡献。在 1935 年 11 月 13 日的"加州大学在中国"的董事会例会的报告中,裴德士院长高度评价了 Dr. Seeley Mudd 资助下的"访问学者"计划的成功实行。他说这一计划的实现在提高中国学领域的研究和加强中美之间的立体式、全面的了解过程中收到了明显的效果。"董事会向以下诸位在中国学尤其是在思想领域研究中做出了贡献的几位教授表示深深的感激:Dr. Wilbur H. Long 在哲学领域(Dr. Wilbur. H. Long in Philosophy),Dr. Russell M. Story 在政治学领域(Dr. Russell M. Story in Political Science),Dr. Arthur G. Coons 在经济学领域(Dr. Arthur G. Coons in Economics),Dr. Ralph T. Flewelling 在哲学领域(Dr. Ralph T. Flewelling in Philosophy),Dr. John B. Appleton 在地理学领域(Dr. John B. Appleton who will be conducting work in Geography this year.)"①裴德士院长还在董事会的报告中特别指出:"Dr. Arthur G. Coons② 是华文学院的一位访问学者,他去年一年在我们这里学习。自从他回到美国之后,已经针对中国问题作了四十余次演讲;Dr. Ralph T. Flewelling 是南加州大学哲学系主任,他在哲学领域享有盛誉,目前正在我们华文学院访学……"③可见,"访问学者"计划促进了美国学者对中国学的兴趣,也一定程度上带动了美国学界和社会对中国的了解认识,换言之,大量的美国高等院校学者来到中国进行中国研究,无疑推动了美国现代中国学的学院化发展。华文学院吸引很多优秀的学者前来学习和讲学,这些学者回国后又成为在学界传播中国知识的使者,华文学院既借助这些学者向美国宣传中国,也通过他们促进美国的中国

----

① Minutes of the annual meeting of the Board of Directors of the College of Chinese Studies, November 13, 1935, Archives of the California College in China Foundation, Honnold Library, Claremont, California.

② 孔德思(Arthur G. Coons),1900 年生于加州洛杉矶,1920 年在 Occidental College 获得学士学位,后来在宾夕法尼亚大学获得硕士,1924 年开始在加州大学洛杉矶分校教学,1927 年获经济学博士学位。1933 年在北京华文学院做访问学者。他是杰出的教育家和经济学家,在美国中国学的传播中做出了很大贡献。

③ Report of the Board of Trustees and the Board of Governors, January 9, 1935, Archives of the California College in China Foundation, Honnold Library, Claremont, California.

学发展。

　　在访问学者中间,有一些学者留下了关于中国问题研究的文章和著作,这是作者在查阅华文学院的档案时发现的(尚无中文译本):孔德思 Arthur G. Coons 著有《国民政府五年财政状况》(Five Years of National Government Finance),于 1934 年 4 月由 The Chinese Social and Political Science Review(中国社会科学杂志)刊。孔德思还著有《中国经济生活中的乐观因素》(Hopeful Elements in Chinese Economic Life),由 China Weekly Review 上海出版。在 1932 年 3 月 29 日,Russell M. Story 作了题为"中国目前的形势"的演讲,演讲的文章形成小书册被华文学院出版保留。Ralph T. Flewelling 作了关于中西文化冲突的研究,形成《东西方基本理念的反映》(Reflections on the Basic Ideas of East and West)一文,1935 年由华文学院出版。作者还在档案中发现了一些 20 世纪 40 年代,美国高等学校和研究机构中关于中国学的研究成果,也是尚未公开发表、无中文版本。这些著作有:《美国在太平洋地区存在的问题》(The Problems of the United States in the Pacific,Claude A. Buss,Department of History,Stanford University,1946,December)。《美国西海岸在亚洲重建和发展中的利害关系》(The Stake of the West Coast in Asiatic Reconstruction and Development,Ralph Bosworth Dewey,Teaching Assistant,Teaching Institute of Economics University of California,Berkeley,1946,December)。《东方经济发展中的问题》(Some Problems of Economic Development in the Orient,Eugene Staley,Director of the San Francisco Bay Region Division American Institute of Pacific Relations,1946,December)。

　　这些文章是作者在查阅华文学院的原始档案时发现的,相信这只是存留下来的一部分,相关的其他演讲文稿和研讨会的资料还没有在档案中发现。

访问学者计划是华文学院的发展历史上的一个重要事件,这一计划也为美国的中国学研究谱写了新篇。1937 年 7 月日本发动了"卢沟桥事变",北京和整个华北的局势恶化,日本侵略者的铁蹄已经践踏到北京,华文学院虽然没有遭到严重打击,可是出于安全考虑访问学者计划不得不被迫中止。

4.1.4 华文学院与加州大学合作的意义

第一,合作为华文学院的全面发展提供契机。华文学院在发展的困难时期,得到"美国加利福尼亚大学中国基金会"(the California College in China Foundation)的鼎力支持,基金会不仅为华文学院注入了发展的资金动力,更为关键的是,美国西部学界对中国研究的关注,为华文学院坚持中国学发展方向树立了信心。在充足的资金保障下,华文学院完善了校园建设,他们拥有当时北京城内最现代化的建筑;他们扩建了图书馆,为在京西方的中国学学者提供中英文图书资料;访问学者计划的实施,为华文学院的教学师资队伍注入活力,每年固定的美国教授来华授课,不仅丰富了华文学院的课堂内容,也为中美文化交流提供了一个广阔的平台。这些访问学者本身既是该专业领域里的专家,同时,他们又对中国怀有敬意和研究兴趣。他们与早年在此求学的传教士和西方学人一样扮演了美国的中国学家角色,然而,更值得一提的是这些学者来华分明带有针对性和目的性,与起初传教士汉学随意的、自发的中国研究有所不同。这一阶段对中国的研究属于专业汉学、学院化汉学。

第二,合作推动了加州各大学的中国学学科建设。20 世纪二三十年代,美国加州由于经济、政治、教育的全面发展,他们开始将目光聚焦亚洲的中国,他们急需了解中国,培养更多懂汉语讲中文、了解中国历史文化政治经济的人才。这一时期在加州的很多大学里,例如:南加州大学、克莱蒙大学、斯坦福大学等,已经出现了亚洲研究和中国研究的学科,美国的中国研究已经出现学院化研究的趋势。他们也在积极寻求合作伙伴,试图能够深入到中国本土对其进行了解。建立一个"姊妹校"是美国的中国研究向深度、广度发展的有利辅助。在中国的北京建校有 20 年之久,已经初具规模且在中国学领域处于世纪领先地位的华文学院,成为加州大学合作的首选。这一合作为加州各大学的学生、学者和教授提供了来华学习的场所,大量的学生和访问学者来华学习、做研究,并返回美国成为美国中国学方面的专家,他们为加州各大学的中国研究学科建设做出了积极贡献,也有大量学者成为美国知名的汉学家(作者将在第四章中国学家的摇篮详细说明)。

第三,合作推动美国中国学发展。华文学院与加州合作推动了美国西部中国学的发展。从美国东西部地理学术划分上来看,东部新英格兰地区由于早期移民最先开发,并受到欧洲学术传统影响,它在学术上的发展一定程度上要优先于西部,对于中国学的研究也是如此。传教士汉学转向学院化中国学的转换起源于哈佛大学、耶鲁大学,他们最早设有汉语课程标志美国中国学的学院化趋向,然而美国西部各大学中国研究的发展则是来势凶猛的。与华文学院合作以后,大量访问学者来华,他们回国后都担当了各自大学里的中国学学科领袖。在华文学院的帮助下,加州各个大学完善了中国学学科建设,像南加州大学、加州大学伯克利分校、加州大学洛杉矶分校都有了完整的、成熟的教学体系和课程计划。这一趋势表明美国的中国学在 20 世纪 20 年代末已经成功地向专业汉学转变。

4.2 第二次世界大战期间华文学院 对美国现代中国学发展的贡献

战争没有阻止华文学院前进的步伐,坚毅的裴德士院长历尽艰辛,将华文学院搬回美国,落户加州大学伯克利分校,继续进行中国研究。华文学院的回迁表面上是其发展受挫,实际上却给美国西部尤其是加利福尼亚州的中国学带来了新的生机。

4.2.1 华文学院落户伯克利

1937 年,日本侵占北京以后,虽然华文学院的正常运作并没有受到影响,可是出于对国际形势全面考虑,裴德士院长开始筹划将华文学院迁回美国。因为这时的华文学院已经有了近三十年的历史,从经验积累方面来看也已经相对成熟,回美国继续办学无疑是对华文学院和美国的中国学皆有裨益之举。从 1937 年开始,裴德士院长一方面艰难地维持华文学院在华的教学研究工作,另一方面积极与美国国内高校取得联系,准备迁校。1939 年到 1941 年期间,华文学院的发展面临生源短缺的问题,这完全是美国政府出于安全和战事的考虑,美国政府和美国驻华大使馆拒绝大量美国人来华学习。1938 年 1 月 9 日华文学院秘书向美国的基金会董事会进行定期汇报,他这样写道:"这学期的招生情况比秋季稍有好转,现在是北京一年中最冷的时节,好在我们能买到足够的煤用来取暖。目前已经无法保证正常的通信往来了,可是让我感到惊讶的是我们最终都能收到来自美国和欧洲的杂志和报纸,仍然能够听到香港、上海和欧洲的电台,看来我们没有因为战事而被隔离于世……","我们没有和任何一方扯上纠葛,中国人也好日本人也罢,北京的城墙外战火纷飞,我们看得见也听得见。无论谁掌握了政府的控制权,我们都不要敌人,我们要继续经营我们的学院。"这时华文学院虽然在招生上受到影响,但是并没有受到直接的战事干扰。1939 年,裴德士院长和太太萨拉·裴德士一同回到美国,开始为学校的迁址四处游说。他们与华文学院从前毕业的学生取得联系,这些在政界、学术界、军事界有了一席之地的毕业生积极为母校效力。华文学院的第一位军官学生史迪威亲自向美国国务院和美国军事部写信,强调华文学院的重要性,为其迁址筹集资金。裴德士在写给美国空军上将 Clayton L. Bissell 的一封信中提到,"史迪威将军、国会议员 Cordell Hull,就连美国现任总统都曾致信表示华文学院在美国继续经营是对美国有利的,应该获得政府的支持。您已经收到了史迪威将军 1944 年 8 月 17 日的信,希望您支持我们的项目,我在信中附上 Hull 议员写给总统的信,信中提到希望得到政府 6 万美元的支持。"①

　　Hull 议员在信中这样说,"远东事务局的很多官员都曾经在不同时期接受过华文学院的专业培训,我从多个部门官员,如 Mr. Hornbeck、海军陆军将领、传教士和美国权威教会组织那里得知,华文学院在中美文化关系上是极为重要的元素。华文学院在美国办学,将引进大量中国本土教师,这定会提高美国国民中文学习的水平。对于中国抱有浓厚兴趣的机构以及期待与中国继续发展贸易、文化、政治往来的美国政府,都将从中获益。基于环境和利益

---

　　① Pettus letter to Clayton L. Bissell, September 11, 1944, Archives of the California College in China Foundation, Honnold Library, Claremont, California.

的考虑,希望政府考虑从'总统紧急资金'①里划出一部分用于把
华文学院从中国迁回美国,这是对整个美国的有益之举。"②裴德
士还努力取得洛克菲勒基金会(Rockefeller Foundation)、卢斯基金
会(Luce Foundation)、卡内基基金会(Carnegie Foundation)以及国
会、军事部等部门的支持。

　　裴德士1941年8月致卢斯先生的信中,真实地描述了华文学
院三十余年的发展历史和其在美国中国学上取得的贡献,培养教
育了一批懂中文了解中国历史文化的学者、政治家、商人、军事将
领。再次证明华文学院继续发展的必要性和在危机关头将学院迁
回美国的必要。信中写道:

　　"华文学院自1910年成立三十余年以来,向各个行业领域的
美国人提供了了解、学习、研究中国的服务。我们的毕业生包括美
国和英国在中国学领域的教师、外交官、海陆军军官,并且我们的
一些毕业生目前正在美国各大学的东亚系、博物馆、图书馆等科研
机构里引领着美国的中国学建设。目前的政治环境和军事形势,
以及美国政府不主张进犯中国的明智之举,都决定了我们无法在
北京继续经营华文学院……

　　如果因为战争而中止这些年来华文学院担当的培养美国人学
习、了解中国文化的工作,将会造成严重的损失。我们华文学院的
执行官和美国联合会董事,以及美国国会已经决定实施战时紧急
措施,将华文学院迁回美国本土继续办学。中文教师和图书馆也
将临时迁入加利福尼亚大学伯克利分校。

---

　　① The President's Emergency Fund.

　　② Hull Letter, Oct. 3, 1942, Archives of the California College in China
Foundation, Honnold Library, Claremont, California.

……信中附有加州大学校长 Sproul 向华文学院发出的邀请，他们愿意为华文学院在伯克利校园提供战时庇护场所，以供华文学院进行正常的教学，时限为三年，华文学院每年要向伯克利分校缴纳 3 万美元，以供华文学院在加州继续进行培训项目。

华文学院以往的学生现在在美国一些重要的大学从事专业的中国研究，像哈佛大学、哥伦比亚大学、普林斯顿大学、芝加哥大学、加州大学、克莱蒙大学、南加州大学、华盛顿大学、杜克大学、丹佛大学和其他研究机构。

美国国会图书馆东亚研究中心主任恒慕义，普林斯顿大学 Gest Chinese Library[1] 的 Dr. N. L. Swann 博士，哈佛大学的 Charles S. Gardner[2] 博士，哈佛大学福格博物馆的兰登·沃纳（Langdon Warner[3]of the Fogg Museum），纽约大都会博物馆的 Jayne 和 Priest（Jayne and Priest of the Metropolitan），美国芝加哥最大的自然博物馆 Field Museum 的 C. Martin Wilbur（C. Martin Wilbur of the Field Museum），Lawrence Sickman of the W. Rockhill Nelson Museum 都是

---

[1]   Gulon Moore Gest（1864–1948），是普林斯顿大学 Gest Chinese Research Library 的创立者。普林斯顿的东亚图书馆是在 Gest Collection 的藏书基础上形成的。Gest collection 收藏关于中国丰富的文献，负责购买收集这部分藏书的是 Gillis，他与满族公主结婚并有机会接触中国的贵族阶层。藏书核心部分是从宣统皇帝的老师陈宝琛处购得，还有部分图书是从张之洞、李鸿章、蔡元培、袁同礼处获得。这部分藏书于 1926 年形成正式典藏，由 Nancy Lee Swann 负责管理，她可谓是西方第一位中国学家，她一直负责到 1948 年。胡适在 1950 年接替她的位置。

[2]   Charles S. Gardner 哈佛大学教授，著有 Chinese traditional Historiograph，1938，Harvard University Press。

[3]   Langdon Warner（1881–1955）was an art historian and Harvard Professor. He was one of the models for Steven Spielberg's Indiana Jones. Explorer-agent of at the turn of the 20th Century, he studied the Silk Road. Langdon Warner's work in China is the subject of much controversy among art historian.

华文学院的学生。我学院教师和学生有大量关于中国研究的著作，收藏在华文学院的图书馆。美国国务院远东事务局的汉密尔顿（Maxwell M. Hamilton）和艾其（George Atchison）都在我校学习。在美国军队中在我校受训的有少校、大校和将军。

为了顺利向加州伯克利分校搬迁，我们已经通过社会各界尤其是一向支持我们的教会组织寻求援助，募集了 8900 美元。希望卢斯基金能向我们伸出援助之手。华文学院已经培养了 5000 学生，为了能将这项工作持续进行下去，我们需要为学院的将来做打算，希望您愿意帮助我们完成这一计划。"①

裴德士院长不仅是一位出色的教育家和中国学家，更是一位鞠躬尽瘁的领导者和社会活动家。华文学院是一所非营利性质的大学，靠学费根本无法维持学校的运作，华文学院在北美联合会、教会组织、加州大学中国基金会以及其他基金会和毕业生的帮助下，得以发展，而今在整个世界政治、军事环境紧张的情况下，裴德士院长迁校以谋求更大发展的明智举措也得到美国社会的广泛关注和支持。裴德士在四处活动的同时，向美国学界宣传中国学的重要性，他无意识地担当了中国学的传播者，这使得中国学在美国社会乃至民众心中刻下印记。

不幸的事情发生了，1941 年 12 月 7 日日本偷袭珍珠港，这一事件给整个美国乃至西方世界带来重创，第二天美国向日本宣战。深处中国政治中心北京的华文学院没有逃过战争的牵连，日本军队很快占领了华文学院。这时裴德士身处美国，在北京行使代理校长职权的是海斯（John Hayes）和其他董事。华文学院被在京的

---

① Pettus letter Nov. 15, 1941, Archives of the California College in China Foundation, Honnold Library, Claremont, California.

日本青年基督教会接管,出于政治原因考虑日本在华大使馆也想
掌管华文学院,使之成为鼓吹"大东亚共荣圈"的场所。这时在京
留守的华文学院的执行人员对日本的态度趋于妥协,虽然这与裴
德士院长的愿望相背,但是,大势已无力回转。学院的西楼宿舍被
日本人占据,东楼还住着一些西方人和在这里学习的日本人,他们
仍然利用校舍学习汉语和中文。裴德士的迁校计划不得不中断,
他建议将部分图书馆藏书和教学资料通过海运转到美国,这一举
动得到驻华美军总司令史迪威将军的支持,第一批运载 5000 余册
中国古典藏书和教材,这些教材也成为华文学院接下来四年的教
学依据。第二批运输的书籍根本没有到达美洲大陆,那些珍贵的
资料就随着战争埋葬在太平洋底。

　　"珍珠港事件"以后,在北京的华文学院无法继续招生办学,
但是,由于裴德士院长坚持迁校回美国的举措,不仅为华文学院带
来了一个新的发展空间,而且,也使美国各界对华文学院有了更深
刻的认识。他与美国社会各界的沟通,使得华文学院有了更好的
社会声誉,不仅让美国学界了解了华文学院以往在中国学方面的
功绩,更激发美国人民对中国渴望认知的兴趣。

　　1942 年 1 月起,华文学院正式落户加州大学伯克利分校。伯
克利为华文学院提供了最优良和便利的教学设施,使得华文学院
在伯克利顺利展开教学工作。从材料上显示,这一期间华文学院
和伯克利分校之间在教学上采用互相扶植的办法,双方选出优秀
的教师担任教学工作。教学计划由伯克利和华文学院共同制订,
这样既保证了华文学院的教学宗旨又配合了加州大学的学科兴
趣。裴德士院长通过美国驻华大使馆、领事馆、美国国务院等官方
机构,将一批中国教师辗转请到美国任教。裴德士在 1943 年的报
告中说,在伯克利这两年里,华文学院取得了很多成绩,其发展规

模远远超乎他们的预期。第二次世界大战期间,在中国的所有美
国大学都搬到中国西部,只有华文学院选择迁回美国。在伯克利
他们受到了热烈的欢迎和周到的服务,这给所有的教职员工和学
生提供了强大的精神支柱。在这里学院每个学期的入学人数也在
不断攀升,华文学院还专门为战争计划培训了中文教师,他们将在
其他机构里为战时军官将领的中文学习提供服务。

第二次世界大战期间,华文学院在伯克利分校共招生 800 人,
他们大部分来自加州以外的美国地区,在加州期间这些学生的花
费总共为 100 万美元。大部分用于华文学院的运营成本,少部分
盈余 67586 美元归入"加州大学中国基金会"。在这四年间,华文
学院除了在伯克利的教学工作以外,还担当了美国中国学的"播
种机"——他们向加州大学 University of California、米尔斯大学
Mills College、南加州大学 University of Southern California 、西方大
学 Occidental College、克莱蒙大学 Claremont Colleges 派出访问教
授,这些学者积极帮助其他大学的中国研究机构进行咨询和培训
中国学项目和东亚研究项目。

4.2.2　战时伯克利—华文学院的"中国学课程计划"

在华文学院的档案资料里,保存了一份战时伯克利华文学院
的课程计划,这一课程计划要优于早先北京—华文学院的课程设
置。战时的课程主要分为两大类:文化研究部分和语言学部分。
文化部分的教学内容以中国为主,内容同时涉及东亚、东南亚和俄
国。这时的美国中国学已经出现了区域研究的特性,而且,在课程
的设置上呈现明显的实用主义特征,很多课程与国际关系、军事形
势、远东局势密切相关。在语言教学上采用以汉语教学为主,以日
语和韩语为辅助的比较教学法。下面是作者翻译后的战时伯克

利—华文学院的"中国学课程计划"。

　　加州大学伯克利分校—华文学院课程如下：

　　4.2.2.1　文化课程

人类学 115：	菲律宾和印度尼西亚的民族(Mr. Gifford) 课程内容涉及菲律宾作为世界历史上大印度尼西亚圈的一部分,其地理、种族、人口、文化和发展状况
人类学 143：	印度的文化领域(Mr. Mandelbaum) 课程内容涉及印度文化及其对非洲、南亚和印尼的影响
人类学 209：	欧亚和北美的文化问题(Mr. Olson)
经济学 115：	远东经济问题(Mr. Knight)
经济学 190：	国际经济关系(Mr. Condliffe)
地理学 125A：	印度和马来西亚地理(Mr. Parsons)
地理学 125B：	中国和日本地理(Mr. Kesseli)
历史学 19A：	亚洲历史文化(Mr. Bingham)
历史学 149A：	克里米亚战争与俄国和波兰历史(Mr. Lantzoff)
历史学 150：	克里米亚战争后的俄国和波兰历史(Mr. Kerner)
历史学 153：	俄国文明史(Mr. Lantzeff)
历史学 156：	俄国亚洲部分、西伯利亚和阿拉斯加历史(Mr. Lantzeff)
历史学 191：	远东历史(Mr. Bingham)
历史学 192：	远东外交史(Mr. McCune) 课程内容涉及西方帝国主义之间的冲突、中国和日本的社会政治机构、冲突在远东地区的发展
历史学 193：	中国古代历史中期(600—1600)(Mr. Bingham)
历史学 195：	日本历史(Mr. Brown)
历史学 194：	现代中国历史(1600—1942)(Mr. Bingham)
历史学 197：	韩国历史(Mr. McCune)
历史学 249：	欧洲历史讲座(Mr. Kerner)
历史学 291：	远东历史讲座(Mr. Bingham)
历史学 292：	远东现代历史讲座(Mr. McCune)

续表

历史学 295：	日本历史讲座（Mr. Brown）
O. L. 32：	1868 年以后日本文化演变（Mrs. Farquhar）
O. L. 42：	中华文化在亚洲的影响（Mr. Boodberg）
O. L. 112：	中国文学调查和批评（Mr. Chen 中国教师）
O. L. 132：	日本文学史（Mrs. Farquhar）
O. L. 172：	作为远东文化因素存在的佛教（Mr. Lessing）
O. L. 182：	孔子时代（Mr. Boodberg）
政治学 136：	太平洋地区问题（Mr. Mah）
政治学 138：	远东国际关系（Mr. Mah）
政治学 139：	东亚殖民问题（Mr. Mah）
政治学 141：	苏维埃政府（Mr. Lipsky）
政治学 142：	苏维埃对外政策（Mr. Lipsky）
政治学 145：	日本政府和政治（Mr. Mah）
政治学 238：	远东及太平洋地区国际关系讲座（Mr. Mah）

4.2.2.2　语言课程

基础 193：	普通语言学导论
基础 194：	语音学和发音方法
基础 195：	语言学分析
基础 17：	汉字的学习方法
基础 117：	汉语的演变
基础 188：	东亚语言文学的语言学方法
O. L. 1：	现代汉语基础
O. L. 13：	古代汉语
O. L. 101：	中级汉语
O. L. 113：	古典汉语

续表

O. L. 121：	高级汉语
O. L. 154：	蒙古语
O. L. 164：	西藏语
O. L. 198：	研究生高级班
O. L. 199：	一对一学习

在语言课的开设上,除了汉语之外他们还开设日语、韩语、俄语三种语言。加州大学伯克利的中国学课程计划里呈现出几个特点:第一,教学内容丰富。这一时期的课程设置,无论是语言还是文化教学都相当成熟。语言教学从语言学理论,到汉语史,再到少数民族语言习得,构成了一个全面而精细的学习系统。文化学习不局限于中国,且将中国的周边邻国以及整个东亚及远东地区的语言做宏观教学。这样丰富的课程内容远远超越了汉语学习和中国经典文化学习的阶段,走向了一种复合型教育。第二,教学结构合理。加州伯克利的中国学学者的培养是建立在一个稳固的知识构架之上的。语言学习是东亚研究、中国研究的第一把钥匙,在语言学习中多门语言教学更体现了其教学的完整性和全面性。对于人类学、政治学、地理、历史的研究是对中国学的深度发掘。这样一个纵横交织的教学模式,把学院化美国中国学家的培养提升到一个新的高度。第三,教学主旨明确。学院化中国学时期又可以称其为"专业中国学"时期,这一时期区别于业余汉学(包括游记汉学和传教士汉学)的主要特点在于它脱离了自发、自觉的学习研究阶段,而达到了一个有目的、有计划的研究阶段,而这又与美国的实用主义作风不谋而合。美国中国学不同于欧洲传统汉学,原因是它的兴趣点不在于中国古典经典文籍、文字、历史的研究,

而是把中国作为世界舞台上的一个重要的政治、经济、文化、军事因素来对待。当它逐渐意识到中国是美国最大的海外市场、占有世界上最大的人口比例、地理上与美国各自占据太平洋一岸,这一事实让美国学术界不得不把目光投注于中国对亚洲乃至整个世界的影响。

4.2.3　战时"军官学院"

第二次世界大战期间,作客伯克利分校的华文学院还担当着为美军培训战时军官的重要使命。太平洋战争爆发以后,美国向亚洲战场派遣大量军队,他们急需使一线军官掌握一定的中文听说能力,了解中国文化及国情。从 1943 年开始,伯克利华文学院的课程分为两部分,其中三分之二的学生属于中国学领域的学生,三分之一是身着军服的军事将领。这些前来受训的将领都是对这场战争起到关键性或者决定性作用的重要指挥家和决策人,他们也是关系到美国与远东地区关系的重要外交人员。针对军官培训项目的教材选用也是不同的,在汉语学习的入门教材使用上与中国学方向基本一致,军官培训中特别包括了美国国务院军事部要求教授的专门内容。课程安排得十分紧凑,星期一至星期五每周25 个小时的汉语学习,星期六是中国历史和地理课程。1943 年到1945 年两年间,华文学院受美国国务院军事部门委托培养的军官超过 300 人。华文学院为第二次世界大战战场培养和输送了大量懂中文、了解中国文化的军官。

华文学院的第一位美国军官学员,是美国第二次世界大战驻华总司令史迪威(Joseph Warren Stilwell)将军。他曾于 1919 年在北京华文学院学习,第二次世界大战期间他也力荐军事部派军事人员前往受训。华文学院在伯克利时期的军官培训,是完全为战争服务的,其意义对于美国政府和其他远东国家非同一般。裴德士(William Bacon Pettus)校长 1945 年在总结战时军官培训项目时,不仅赞扬这一项目对于这场战争的意义,并且展望了美国中国学乃至亚洲研究的前景:

"华文学院是唯一一所在战争中迁回美国本土的在华美国机构,这保证了华文学院的持续发展。我们培训的是为东方这场战争取得胜利的美国领导人,他们也是影响美国和远东关系的重要人物。美国的教育很保守,他们只关注地中海地区,可是,他们忽略了地中海以外的中心,现在和未来世界的中心属于太平洋地区。为了取得这场战争的胜利,为了赢得我们的未来和利益,就必须了解中国的文化、历史、经济、思想和语言。人类学和社会科学的课程必须与东方相联系。

"1910 年,华文学院开始培养美国人学习中国文化和语言,我们的毕业生分布在美国在华军队、大使馆、领事馆、大学、医院,工作在美国的中国研究机构、图书馆、大学、博物馆等地方。

在伯克利,我们有 125 名军队派来的学员,两个月后这个数量将再提升百分之五十。商界、教育界、外交领域、媒体和政府都将从中选择他们——这些了解中国文化的官员——作为代表。今天他们在华文学院所获得的训练,将帮助他们在今后从事相关中国的政治、经济、外交和教育领域的工作打下稳定的基础。"①

战时华文学院在伯克利为军官培训项目作出了杰出的贡献,它不仅仅是为战场输送了大批懂得语言、文化、地理和历史的高级将领,从美国中国学的发展角度看,它体现了美国中国学的实用主

---

① Pettus Report, Archives of the California College in China Foundation, Honnold Library, Claremont, California.

义特征。从某种角度上说,美国对中国的研究,没有经历欧洲汉学的漫长阶段,而直接进入对现实问题的研究和区域研究为特征的中国学领域。这一学术特征,在战时的军官培训项目中得到了证明。

4.2.4　加州大学伯克利分校的中国学传统

美国的中国学从地域上分为东西两部分,东部的中国学以哈佛费正清研究中心、耶鲁大学、普林斯顿大学为中心,西部的中国学则是以加州大学伯克利分校为中心。加州大学伯克利分校的美国中国学是受到华文学院深厚影响的。从 20 世纪 40 年代起,加州大学伯克利分校的中国研究就建立起完备的教学体系,伯克利的中国学直接引进了华文学院在中国本土实践获得的现代化的教学方法,同时也因受战争影响而带有明显的实用主义倾向,战时的军官培训项目给伯克利带来了良好的声誉,这为其进一步发展奠定了基础。今天加州大学伯克利分校的中国学研究仍然独树一帜,作者对比和分析了伯克利中国学中心目前实行的课程计划和 20 世纪 40 年代的课程设置,其中既透露出一脉相承的特质,又体现了其时代的进步和突破。

目前加州大学伯克利分校的中国研究中心与日本中心和韩国中心共同组成东亚研究中心。中国研究中心在培养中国学学者时,实行了比较严格和系统的教学计划。要求学生在进入中国研究中心以前,第一,具备两年以上的汉语学习经历或具有等同于两年学习经历的汉语能力。第二,要求学生必须掌握下面高级理论和方法课程中的一门知识:人类学思想史、比较社会学、社会文化变革(非西方国家)、社会文化人类学方法、宏观经济学分析、宏观经济学理论、微观经济学分析、微观经济学理论、电影理论史、艺术史理论和方法、区域研究理论和方法、语言学导论、当代政治经济学理论、哲学方法论、政治思想史、社会学理论、社会学方法导论。第三,学生必须至少修过一门中国历史课:中国历史专题、中国和亚洲讨论课。第四,必须选三门与中国研究相关领域的、跨学科、跨专业的课程,一门中国以外的地区研究课程,两门亚洲研究课程,作为跨区域研究学习内容:亚洲考古学、东亚考古研究、考古与日本标志、亚太地区全球化与性别研究、中国研究、日本研究、南亚研究、东南亚文化研究、亚洲研究专题、藏传佛教、佛教在亚洲东部和内部的发展、佛教在当代社会的作用、高级汉语、中级汉语口语、高级汉语口语、高年级文学阅读、高年级阅读(社会与历史)、四年级文学阅读、文学阅读导论、五年级中文、古代汉语、道教理论、经典古诗鉴赏、中世纪早期文学赏析、中国戏剧鉴赏、佛经阅读、白话作品阅读、现代汉语、当代文学、中国城市和农村、汉语语言结构、汉语史、石头记、在中国的死亡和丧葬习俗、中国传统文化、中国哲学导论、孔子和他的弟子、20 世纪中国的流行文化、中国的景观、发展中国家的城市化、灾难记忆和叙述、神话史、写作、19 世纪两个王朝的故事、罗马核心价值理念在东亚的变革、中国内外的深度解析、东亚的战争、王朝和文学、中国和日本的茶文化史、中世纪佛学、中国经济、经济发展、国际贸易、中国电影、东亚地理、中国区域经济发展、越南政治文化史、韩国古代史、当代东南亚、唐宋时期的中国、当代中国、中国主体:性别、性与健康医疗、19 世纪的考古学、19—20 世纪的中国、20 世纪帝国的异化、战前日本、中国早期艺术、中国早期绘画、日本寺庙艺术、印度艺术、东南亚艺术、高级日语、日本文化、日本汉学家、日语阅读、日本当代文学、日本历史文献、印度音乐、东亚传统音乐、日本音乐、中国政治经济、中国哲学、国际关系专题、中国对外政策、佛教心理学、当代印度的宗教运动、中世纪印度宗教、东南亚大陆文学、东南亚文化和政治、古代印度文学、东南亚文学和电影，等等。

从加州大学伯克利分校中国研究中心现行的中国学课程可以获得两点结论：

第一，伯克利中国学延续了20世纪40年代，华文学院作客伯克利时期的中国学传统。在学术分科上重视人类学、政治学、经济学、地理和语言学的研究，是一个包容性很强的教学体系，这为培养一个跨学科、跨专业的中国学家提供了智力基础，而且在课程组成中有意强调跨学科和跨专业的研究。从课程涉及的范围来看，它还容纳了中国在亚洲的邻国以及其历史文化方面的课程，有明显的区域研究特征。

第二，笔者在比较20世纪40年代和如今的伯克利中国学学者培养计划时感触颇深。中国学到底是为谁服务的？很显然，美国人做中国研究是从美国自身发展利益出发，是在为美国人做学问。而中国学界刚刚涉足的国外中国学研究的研究对象到底是谁？是中国，是为中国而做的学问，我们之所以做美国的中国学、日本的中国学、德国的中国学，是为了更好地了解中国和中国的问题。国外中国学研究就像一面镜子，一定程度上弥补了"不识庐山真面目"的尴尬。但是，镜像毕竟是虚像，所以，这就需要从事海外中国学研究的学者甄识鉴别其真质。兴起于20世纪七八十年代的国外中国学研究还处于起步阶段，学科发展尚不成熟，尤其是在中国学学生培养和学科建设上，我们应该借鉴国外中国研究学术机构的成功经验。目前我国的高校中，尚且没有专门培养中国学学者和中国学家的院系、研究中心以及相应课程，我国现阶段从事国外中国学和汉学研究的学者，都是早年从事其他相关领域研究，到了后期研究涉及海外部分，从而转向国外中国学研究。作者认为，我国高校目前在中国学学科建设上还是一个盲区，需要大力借鉴国外的案例,在中国学的学生培养上要从本科教育做起,一直到博士生。有目的、分步骤、分阶段地培养中国学研究者。有志于从事中国学研究的学生本身既要是某一门专业的专才,又要是一个跨学科、跨专业、精通外语的通才。我们的海外中国学研究目前还处于大量译介国外著作的初级阶段,当然,这一阶段是特定学术时期的要求,在我们没有培养出专业的研究者之前,通过这样的间接渠道了解国外汉学研究状态,是一个必经的渠道。但是,从学科长远发展来看,抓学科建设、培养出高素质的专门人才是振兴和发展这一领域的根本所在。

4.3　20世纪三四十年代中国学的发展

战争迫使华文学院迁回美国,然而,这一转折却客观地促进了整个美国西海岸的高等学校中国学的发展,开辟了美国中国学学院化发展的一个新时代。美国的汉学始于19世纪三四十年代,与第一次大规模海外传教运动并进,19世纪70年代开始在美国的一些著名学府出现了汉语课程,1876年耶鲁大学在美国首先开设汉语课程,在卫三畏的主持下,建立了美国第一个汉语教研室和东方学图书馆。1877年,哈佛大学也设置汉语课程,并且设立东方学图书馆。① 这时的美国中国学开始出现学院化研究的迹象,但是,这一时期尚且不能定义为学院化时代。20世纪20年代,太平洋学会的建立、哈佛燕京学社建立,特别是华文学院从一所传教士汉语学校成功地转型为中国学教育中心,标志着美国中国学步入了

---

① 侯且岸:《当代美国的"显学"——美国现代中国学研究》,人民出版社1995年版,第33页。

学院化发展阶段。到了 20 世纪 40 年代,尤其是在美国西海岸,美国中国学的学院化发展趋于成熟阶段,众多知名学府充实自己的东方系和亚洲研究专业,形成系统的中国学培养计划和课程设置。华文学院在推动美国中国学发展过程中,有着不可磨灭的功绩。

裴德士(William Bacon Pettus)校长多次组织各高校的相关院系召开亚洲研究及语言学会议,为科研教学机构互相学习、相互促进提供机会。裴德士在一篇报告中说:"1945 年,斯坦福大学出版了一本关于远东及苏维埃研究的小册子,加州的其他大学和学院也在人类学、社会科学及语言学等院系开设了相关课程。开设这些课程的学校拥有一个令人感到惊讶的招生数量,这是我们没有预料到的。1946 年,我们已经开过一次加州各大学关于促进东亚研究系建设的会议,会上的讨论为加州各大学和研究机构的东方学、亚洲研究建设起到了积极的促进作用,而且我们正在用我们的影响力推动这一事业向整个美国发展。"①由于华文学院作客加州大学伯克利分校,它把中国学的影响范围扩大到整个加州的高校,几所知名学府建立和完善其自己的中国学系及中国学的教学规划。

4.3.1　20 世纪 40 年代初加州著名大学的中国研究专业

4.3.1.1　南加州大学(University of Southern California)

南加州大学是美国一所著名学府,已有一百二十多年的历史。在 20 世纪 40 年代,南加州大学已经建立起"远东研究中心"(Far Eastern Studies),它的课程设置与同一时期的伯克利—华文学院相似。课程主要由文化课和语言课组成,南加州大学还设有经济

---

① Pettus Report 1945, Archives of the California College in China Foundation, Honnold Library, Claremont, California.

贸易课程。

　　a. 文化课程

人类学 166：	南太平洋的民族
人类学 168：	马来西亚的民族
人类学 184：	俄国亚洲区的民族
亚洲研究 51：	中国生活导论
亚洲研究 55：	日本生活导论
亚洲研究 151：	中国的生活和民俗
亚洲研究 160：	东南亚文化
亚洲研究 166：	亚洲的神话
亚洲研究 178：	日本文学主流
亚洲研究 200：	中国社会政治思想
亚洲研究 214：	远东艺术的象征意义和神话学
亚洲研究 251：	现代中国问题讨论
亚洲研究 290：	亚洲学研究
比较文学 159：	现代欧洲文学
艺术 104：	中国艺术
艺术 105：	中国雕塑
艺术 116：	亚洲佛教和喇嘛教艺术
艺术 216：	远东艺术讨论
地理 126：	亚洲区域地理
历史 126：	日本历史
历史 145：	远东历史
历史 180：	俄国历史
历史 196：	中国历史
历史 232：	远东历史讨论
历史 253：	大英帝国在亚洲和非洲
国际关系：	远东外交事务

续表

哲学 155：	印度哲学
哲学 156：	中国哲学
政治学 151：	当代哲学思潮
宗教 66：	教会及其组织
宗教 326：	中国和日本宗教
宗教 327：	佛教讨论
苏维埃研究 111：	文明史
苏维埃研究 150：	俄国文化导论
苏维埃研究 160：	俄国小说
苏维埃研究 181：	现代俄国
苏维埃研究 185：	俄国文学小说
苏维埃研究 186：	西南部奴隶文学和文明

b. 语言课程

初级汉语	初级日语
初级韩语	中级汉语
高级汉语	高级汉语会话
东方语言学研究讨论	初级俄语

南加州大学的远东研究中心除了丰富多彩的文化课和基础语言课程外,还设立了远东贸易与运输、日本贸易和资源、中美贸易、对俄贸易等课程。

4.3.1.2　加州大学洛杉矶分校(University of California, Los Angeles)

加州大学洛杉矶分校的"东方语言学"(Oriental Languages)建设得到了伯克利的大力支持,他们不仅向洛杉矶分校派出教授,还

为其东方学图书馆的建设提供帮助,伯克利向洛杉矶分校提供
3000多册中国学方面的藏书复本,第二次世界大战前后加州大学
洛杉矶分校的东方学图书馆已经拥有相关藏书9000余册,其中大
部分为中文读本,还有少量日文读本。加州大学洛杉矶分校的东
方语言学,主要开设中文和日文课程。中文课程涉及:初级现代汉
语、古代汉语、汉语口语和写作、中华文明史、中级汉语、汉语翻译、
中级古代汉语、高级汉语以及个别辅导课程。这一时期,它们没有
专门的文化课程,相关中国研究和远东研究的课程散布在各个院
系。开设有关中国和东亚学为主题研究的院系主要有艺术系、经
济学系、地理系、历史系和政治学系。在伯克利华文学院的帮助
下,洛杉矶分校也在努力整合各院系的相关资源,把东方语言学扩
大成一个东方研究中心。

4.3.1.3　斯坦福大学(Stanford University)

历史悠久的斯坦福大学在东方学研究方面也走在前列,20世
纪40年代,斯坦福大学建立起"亚太及俄国研究项目"(Pacific-
Asiatic and Russian program),其中中国学研究建设也有它自己的
特色。斯坦福大学的中国学学者培养计划十分严格和周密,它的
教学计划也体现了美国现代教育中的博雅教育(或者通识教育
Liberal Arts Education or General Education)的特点。对于参与中
国学项目的学生,首先,必须完成语言课程、文化课程、地理课程、
人类学课程和历史学课程,分别对应的基础汉语和中级汉语、中国
文明、中国地理、亚洲的民族和中国历史五门必修课。其次,学生
必须从艺术、文学、宗教、哲学课程中选取至少8门课作为必修课。
再次,学生要在政府管理和历史经济学科中选择至少4门课作为
必修。最后,要完成一定数量的选修课。中国学专业的学生必须
完成一共60门课程的必修课和选修课业的要求。

斯坦福大学的中国学课程囊括了培养中国学家所需要的基本内容,从语言学到社会科学,再到人类学、文明史、历史、地理等,这正是一个培养通才的过程。中国高等教育现代化借鉴了苏联的学科划分后,某种程度讲学科划分促进了自然科学的发展,然而,随着科学文明的日新月异,国际间交流日益密切,尤其在社会科学领域里反映出来的学科之间的隔阂越发明显。首先倡导大学博雅教育的是美国,我国到了 20 世纪 80 年代末开始逐步意识到整合教育和通识教育的重要性,并在高校里倡导素质教育、全面发展、综合培养等理念。然而,在具体的学科建设方面,例如,高校学科机制、文理科互补、文化艺术体育全面发展,以及如何使学生在科学合理的课程设置内有更大的选课自由度等方面需要提高。特别值得一提的是,在培养跨学科、跨专业、了解东西文化的汉学家和中国学家时,通识教育显得格外重要。而美国的中国学家培养在 20 世纪 40 年代,就已经具备了这样的条件。

斯坦福大学"亚太及俄国研究项目"(Pacific-Asiatic and Russian program)中国学方向课程设置:

a. 必修课

语言类:	基础汉语
语言类:	中级汉语
文化类:	中国文化
地理学:	中国地理
人类学:	亚洲民族
历史学:	中国历史

b. 选修课：

语言学类：	现代汉语阅读
语言学类：	高级汉语
语言学类：	中国历史阅读
语言学类：	古代汉语阅读
文化课程：	当代中国
文化课程：	中国文学名著选读
文化课程：	中国戏剧
文化课程：	中国小说
文化课程：	高级讨论课
哲学宗教课程：	中国哲学文化
哲学宗教课程：	佛教
哲学宗教课程：	比较宗教学
艺术类：	中国艺术概论
历史学：	远东外交史
历史学：	中国（公元前 200 年到公元 1271 年）
历史学：	当代世界的中国
历史学：	远东文明史
历史学：	历史讨论课

南加州大学、斯坦福大学、加州大学洛杉矶分校为代表的三所美国西部著名大学，在 20 世纪 40 年代期间已经具有相当规模的中国学学科体系。这一体系值得深入研究。

4.3.2　传教士汉学向学院化中国学的转变

这里我们需要讨论两个问题，第一，汉学与中国学。第二，传教士汉学与学院化中国学。国内学界对于汉学与中国学的划分大致存在两种观点，一种认为汉学等同于中国学，另一种认为汉学是西方从中国的语言文字、历史、地理、宗教等方面对中国的研究，而中国学起源于 20 世纪的美国，美国汉学在第二次世界大战期间出现分化，为了适应战时国际斗争和美国的国家利益的实际需要，美国的汉学研究从古典汉学研究中分离出来，纳入"地区研究"的轨道，这种具有双重性质又区别于古典汉学的新的研究方式被称为"中国学"。① 作者更倾向于第二种观点，然而，在美国汉学何时开始向美国现代中国学转变这一问题上，我认为这一转变早于第二次世界大战时期，或者说美国就没有经历过像欧洲汉学那样一个"纯汉学"的时期。正如侯且岸教授所说的那样，"相对于欧洲的汉学研究，美国的汉学研究起步很晚，始于 19 世纪 30—40 年代。由于时代的关系，美国的汉学研究的产生和发展同美国资本主义对东方的掠夺、扩张、文化渗透，以及美国的国际战略和对华政策联系在一起，因而与欧洲汉学研究是不同的。"早在 19 世纪末 20 世纪初，大量传教士随商团来华传教开始，美国已经开始有意识地引导传教士、商人、外交人员对中国的国情、民俗、贸易等方面进行学习和了解，他们的兴趣是为美国太平洋地区扩张服务的，这与欧洲汉学"重视传统、轻视现实"的原则大相径庭。1914 年，据《中国基督教年鉴》记载，中国内地有七所传教士汉语学校：中国内地教会汉语学校男校（安庆），中国内地教会汉语学校女校（扬州），华文学校（后来的华文学院 北京），南京大学教会学校（南京），中国西部语言学校（成都），加拿大长老会语言学校（今河南卫辉市），广州语言学校（广州）。这些传教士汉语学校为大批来华传教士

---

① 侯且岸：《当代美国的"显学"——美国现代中国学研究》，人民出版社 1995 年版，第 11 页。

学习中文和了解中国文化服务,而美国来华传教士天然肩负的双重使命让他们既承担"传播福音"的工作,又要为美国向中国扩张实力起到特殊作用。所以说,19 世纪末 20 世纪初,作为美国汉学主体的传教士由于他们所肩负的时代责任不同,而导致这一时期的传教士汉学已经开始向中国学方向转变。到第二次世界大战前后这一转变彻底完成。由于起步的时代不同,美国的中国学(汉学)从一开始就既受到欧洲传统汉学的影响,又相当大的程度上符合现实主义原则,具有独特的实用主义色彩。

谈及美国的学院化中国学,学界常常以 1876 年耶鲁大学设立汉学课为标志,说明美国中国学开始步入学院化中国学阶段。作者认为,这一时期虽然在美国的个别大学设有中文科,但是教学本身并没有形成对中国学研究的独立意识,而个别学校的中文课设立还仅仅是停留在语言学习层面,不涉及文化研究和跨学科知识。而到了 19 世纪末 20 世纪初,在美国哈佛大学、耶鲁大学、普林斯顿大学设立了汉语课程和中国历史文化讲座,在中国本土出现了华文学院等近十所美国人设立的初具规模的汉语学校,这些学校不仅教授中文,同时教授中国历史、文化课程,开设时政内容的讲座。20 世纪初期,是美国中国学向学院化汉学转变的开端。华文学院在 20 世纪一二十年代(1916—1924 年)开始有意识地主动向研究型机构转型,这一变化更加说明美国的中国学从"传教士汉学"向"学院化中国学"转变过程的主旨性、目的性。1924 年,华文学院完成了改革,成为美国唯一一所设在中国(域外)的中国学教育中心,华文学院拥有当时世界上最大的中国学图书馆。华文学院的成功改革,以及在它的促使下成立的哈佛燕京学社的建立,是美国中国学由传教士汉学向学院化中国学转变的里程碑式的标志。

到了 20 世纪 40 年代,当美国本土的诸多大学陆续成立了中国研究中心、亚洲研究中心、东方学系等从事中国学的专门院系,并设立了相应完整的课程培养体系,则标志着美国中国学的学院化时代的到来。跨越半个世纪之久的华文学院,在其自身发展的脉络中勾画出美国中国学由传教士汉学阶段向学院化中国学过渡的轨迹。从华文学院的个案分析,作者认为,美国的中国学经历了传教士汉学、传教士汉学向学院化中国学过渡阶段、学院化中国学三个阶段:传教士汉学(19 世纪 20 年代—20 世纪初)、传教士汉学向学院化中国学过渡阶段(20 世纪初—20 世纪 40 年代)、学院化中国学(20 世纪 40 年代至今)。

5 华文学院——中国学家的摇篮

华文学院从一所传教士汉语学校发展成为培养中国学学者的研究机构,从一个由几个传教士构成的教师队伍发展为容纳海内外知名学者、教授的教学团体,这一过程,不仅为众多美国学者和中国学人提供了一个学术交流的平台和窗口,也为美国中国学领域培养了一批优秀的中国学专家。

5.1 华文学院的知名教授

经过30年的发展,华文学院成为由众多中国学专家加盟的世界汉学研究中心。华文学院与"加州大学在中国"基金会合作以后,具有授予硕士学位和荣誉博士学位的资格。20世纪三四十年代在华文学院任教、访学的美国学者,在返回美国以后继续从事各个领域的中国研究,他们成为美国中国学领域的领军人物,他们是美国中国学学院派的代表,也正是他们铸就了美国中国学在20世纪中叶的辉煌。

5.1.1 富路特(Luther Carrington Goodrich):两度来华文学院担任教授

富路特,1894年9月21日,出生在中国北京的通州,他的父亲是美国来华著名传教士富善(Chauncey Goodrich)。富善在华传教多年,是华文学院的创始人之一,并且在华文学院任教多年,他编写的"微型中英词典"(A Pocket Chinese-English Dictionary)是最早的中英词典之一,也为美国人学习汉语提供了工具书。富路特在中国出生,父母亲都是早年来华传教士,成长环境的影响使得富路特对中国有着特殊的感情。富路特在美国接受教育,他1917年从麻州的威廉姆斯学院(Williams College)毕业后,又于1927年和1934年分别获得纽约州哥伦比亚大学的硕士和博士学位。富路特与华文学院的渊源不只在于其父的影响,他本人曾在1937年和1946年,两度来到北京在华文学院担任教授。在这里,他一面讲学,一面学习中国文化,为他日后在中国学领域里取得的成就奠定了坚实的基础。

1951年,富路特任夏威夷大学特约讲师。1953—1954年富布莱特研究奖金获得者,到印度讲学。1959年获威廉姆斯学院荣誉文学博士。1961年任堪培拉澳大利亚国立大学富布莱特讲师。1961—1962年任日本国际基督教大学客座教授。1962年获得哥伦比亚大学荣誉文学博士。1962年任亚洲研究协会明史任务传记规划编辑。1977年,因他主编的《明史人物传记词典》,获得法国铭文学院儒莲奖金。

富路特从青年时代就对中国的历史文化有着独特的兴趣,他曾经在20世纪20年代在哥伦比亚大学的中国项目做访问学者,获得博士学位以后,他在哥伦比亚大学任教,并担任中国日本学系主任。他是哥伦比亚大学中文荣誉教授,曾任东亚语言和文化系主任,明代历史研究专家。富路特为美国的中国研究留下了丰富的学术资料:

《中华民族简史》(A Short History of the Chinese People) 1943 年第一次出版,1959 年第三次出版,1969 年第四次出版。并一直被作为美国的教科书使用
《中国印刷术的发明和它的西传》(The Invention of Printing in China and Its Spread Westward. Red Ed,1955)
《印刷:关于一个新发现的开场白》(Printing:Preliminary Report on a New Discovery. Technol & Cult,1967)
《蒙古统治下在中国的西亚人和中亚人以及他们转化为汉人》(Western and Central Asians in China Under Mongols,and Their Transformation into Chinese. Monument Serica,Univ Calif Los Angeles,1966)
《明代名人传记辞典》(Dictionary of Ming Biography 1368–1644. Vol1—2, Columbia University,1976)
《中国古代和亚洲其他部分的早期接触》(China's Earliest Contacts with Other Parts of Asia,Australian National University. Press,1962)
《中国断代史中的日本》(Ed. ,Japan in the Chinese Dynastic Histories,Perkins Oriental Books)
《乾隆的文字狱》(The Literary Inquisition of Ch'ien-Lung,Paragon,2nd Ed. , 1966)
《十五世纪图解中文识字课本》(15th Century Illustrated Chinese Primer, Hong Kong University. ,1967)
《大约一千五百年前北京的监狱》(Prisons in Peking,Circa 1500,Tsiing-hua J. ,1973)
为约翰哈里森编《中国》写的《前言》(Introduction, In:China. Enduring Scholarship,Edited by John A. Harrison. The Association for Asian Studies Thirtieth Anniversary Commemorative Series,Vol. 1. The University of Arizona Press,1972)

上述成果为美国现代中国学留下了宝贵财富。

5.1.2　恒慕义(Arthur William Hummel,Sr.):华文学院的史学教授

恒慕义,1884 年 3 月 6 日,出生于美国密苏里州的沃伦顿市,

卒于 1975 年 3 月 10 日。恒慕义于 1909 年和 1911 年在芝加哥大学获得学士和硕士学位,在 1914 年又获得一个神学学士。1915年,恒慕义以美国公理会教士身份来到中国进行传教。他本人对中国语言文化情有独钟,精通中国历史,对地理、文化、民俗也颇有研究。在华期间,恒慕义担任华文学院的历史学教授。当华文学院被确立为哈佛大学"大方案"的考核对象时,华文学院与燕京大学达成合作协议,合作后的华文学院成为燕京大学的一个独立的系,这就是"哈佛燕京学社"的雏形。学社计划由华文学院的历史系教授恒慕义和燕京大学哲学系教授博晨光(Lucius Chapin Porter),以及哈佛大学的宗教史和佛学专家组成教师团队。这时,恒慕义在华文学院担任着极为重要的教学工作,他开设了中国史讲坛和史学讨论两门课程。1928 年,华文学院和燕京大学的合作结束以后,恒慕义也离开中国回到美国。凭借他广泛的学识和对中国的了解,他担任了美国国会图书馆亚洲部的第一位主任。恒慕义是美国近代史上著名的中国学家,他凭借自己对中国的研究和理解,开创了他在美国国会图书馆亚洲部长达 27 年的事业。在1954 年恒慕义退休时,亚洲部的藏书已经大到 797000 册,其中中文图书 291000 册。美国国会图书馆亚洲部现任主任曾经在接受采访时说,"国会图书馆亚洲部能有现在如此的规模,首任主任恒慕义功不可没。"

恒慕义是美国 20 世纪 30 年代中国学学院化的倡导者之一,他曾于 1932 年在哈佛大学、1934 年和 1937 年在加利福尼亚大学(伯克利)举办研讨会,向美国学术界介绍中国和中国学。恒慕义1935 年在哥伦比亚大学、1939 年在密歇根大学、1940 年在科罗拉多大学分别作了三次演讲,讲授中国的历史文化知识,鼓励大学关注中国研究。恒慕义从一位传教士到一位中国学家的成长历程,不仅铸就了自己的学术人生,也见证了美国中国学由传教士汉学向学院化中国学转变的基本轨迹。

恒慕义于 1940 年担任美国东方学会主席,1948 年担任美国远东学会首任主席,1957 年创办中美文化协会。1956 年 9 月,恒慕义已经从国会图书馆退休,他以 70 岁高龄成为华盛顿美国大学艺术与科学学院副教授,还在继续中国学研究与教学。直至 1963 年,他一直在华盛顿美国大学艺术与科学学院开设"东方哲学"、"明朝以来的中国历史"、"中国文化"、"宗教比较"、"哲学与宗教"等课程。恒慕义一生著书颇丰,其中《清代名人传略》为后人称颂,是美国中国学对中国古代历史研究所取得成绩的大型成果之一,《清代名人传略》为欧美汉学研究提供了一个符合现代科学规范并兼有实用价值的典范,这部书也为后来欧美国家进行史学研究提供了一个合理的依据。

恒慕义作为美国近代史上著名的中国学家,他所取得的成就及他对中国学的贡献,都与早年在华的亲身学习和实践经历息息相关。其中,他在华文学院担任历史学教授的经历,奠定了他的学术生涯。

5.1.3　芳泰瑞(Courtenay Hughes Fenn):华文学院创始人之一

芳泰瑞,1866 年 4 月出生于美国纽约州,于 1927 年辞世。芳泰瑞 20 世纪初来到中国,作为美国长老会传教士来华传教。芳泰瑞成为华文学院早年的教师,也是华文学院的创始人之一。在华文学院教学期间,芳泰瑞为汉语教学和中国学留下了宝贵的资料,他编写的字典《芳氏中英微型词典:五千词和华文学院字卡索引》(Fenn's Chinese English pocket dictionary: the five thousand dictionary and index to the character cards of the College of Chinese Studies, California College in China）为后世广为引用。这部辞典大约编写于 20 世纪 20 年代初，具体时间不详，第一版正式出版物是由华文学院"加州大学中国基金会"于 1932 年正式出版。在 1942—1979 年期间，这部辞典再版 11 次，被全世界 375 家图书馆收藏，成为初级汉语学习的必备工具书。在汉英辞典中，这部《芳氏中英微型词典：五千词和华文学院字卡索引》与另外六部词典共同代表汉英词典不同历史时期的发展历程：1900 年，巴勒（Baller）《分析汉英词典》；1931 年，麦修斯（R. H. Mathews）《汉英大辞典》；1966 年，耶鲁大学《口头汉语词典》；1971 年，梁实秋主编香港远东图书公司《汉英辞典》；1972 年，林语堂主编香港中文大学《当代汉英词典》；可见，芳泰瑞在华文学院教学期间编撰的词典是具有里程碑意义的。芳泰瑞作为美国早期来华传教士的代表和美国著名的汉学家，他为华文学院的建立建设和教学作出了重要贡献。

芳泰瑞之子芳亨利（Henry Courtenay Fenn）也是美国著名汉学家，他在北京出生，随从父母亲在北京长大。芳亨利早年就读于华文学院，后在耶鲁大学中文系任教授，1946 年，他被任命为华文学院院长，顶替裴德士（William Bacon Pettus）校长的工作。1948 年，芳亨利返回美国，继续担任耶鲁大学中文系教授。芳亨利的学术生涯中留下几部重要的中国学著作：《中国历史纲要》（A Sketch of Chinese History；Textbook in Chinese. ——两卷，1952），《汉语会话要点》（Talking Points），《中国文明和文化史纲要》（A Syllabus of the History of Chinese Civilization and Culture. ——与富路特合编，1950，修订版）。

芳泰瑞和芳亨利父子是美国近代史上两位著名的中国学家，也是华文学院历史上功不可没的人物。

5.1.4　孔德思(Arthur Gardiner Coons)：华文学院著名访问学者

孔德思,美国著名教育家、经济学家,在加州的大学里担任近50年的行政主管和校长。1900年出生于美国加利福尼亚州的洛杉矶市郊,1920年从西方学院(Occidental College)获得学士学位。之后,孔德思进入宾夕法尼亚大学获得经济学硕士和博士学位。1927年,孔德思开始在西方学院任教,同时担任校长助理。1933年,孔德思获得Seeley Mudd Visiting Professorship的资助,来到华文学院做访问学者。孔德思在华文学院期间取得了巨大的成绩,他一边潜心学习中国语言文化,一边做中国经济方面的研究,他也在访问期间为华文学院开设课程和讲座。孔德思在访问期间著有:《国民政府五年财政状况》(Five Years of National Government Finance)于1934年4月由The Chinese Social and Political Science Review(中国社会科学杂志)刊载,Coons还著有《中国经济生活中的乐观因素》(Hopeful Elements in Chinese Economic Life)由China Weekly Review上海出版。

孔德思回到美国以后,在加州大学举办了40多场关于中国问题的演讲,虽然他仅仅在中国学习一年,然而这一年的宝贵经历却给了他一个新的研究视角,他开始潜心研究中国的经济问题,留下多部著作:

《美国及远东经济策略和现实政策》(The United States and the Far East:economic aspects and present policy)一书1937年由"太平洋西南政治与社会科学"(Pacific Southwest Academy of Political and Social Science)出版。1935年,出版《中国金融重构》(Financial Reconstruction of China)。《中国经济的重建:华文学院(the College of Chinese Studies)学术会议报告》(Economic reconstruction in China:

addresses before convocations of the College of Chinese Studies,
December 15,1933,*January* 2,1934,*February* 9,1934,February 23,
1934)。《中国食品进出口》(*China's imports and exports of foodstuffs*),1934 年上海出版,现在收藏在克莱蒙大学图书馆。《中美关系》(*American relations with China*),1931 年洛杉矶社会科学研究出版社出版。

5.1.5 拉塞尔(**Russell McCulloch Story**):华文学院著名访问学者

拉塞尔是斯克利普斯学院(Scripps College)的教授,1931 年作为 Seeley Mudd 的访问学者来到华文学院任教。访问回国后担任克莱蒙大学研究院院长(Claremont Graduate School)。他的主要成果有:

在 1932 年 3 月 29 日作了题为《中国目前的形势》演讲,演讲的文章形成小书册被华文学院出版保留。1931 年,《公共观念和国际秩序》(*Public Opinion and International Order*)。1934 年,华文学院学术会议上的演讲《战争的阴影》(*The Shadow of War*)、《为满州政府而战》(*The Struggle for Manchuria*)①。

5.1.6 弗卢埃林(**Ralph Tyler Flewelling**):美国人格主义哲学家、中国学家

弗卢埃林,是美国著名哲学家,人格主义代表人物。他生于1871 年 11 月,卒于 1960 年 3 月。弗卢埃林在波士顿大学读书,是

---

① Archives of the California College in China Foundation, Honnold Library, Claremont, California.

美国人格主义创始人鲍恩的学生,弗卢埃林毕业后在南加州大学任教授,并于1920年创办《人格主义》杂志。他的代表作有:《人格主义和哲学问题》(1915)、《信仰的理性》(1924)、《创造的人格》(1926)、《西方文化的残余》(1943)、《人格或人的意义》(1952)等。

　　1933年,弗卢埃林在Seeley Mudd Visiting Professorship的资助下,来到中国北京,在华文学院做访问学者。其间,弗卢埃林对中国的历史文化作了深入的学习和探索,并对中西方的文化特质产生兴趣。作为一位哲学家,对于文化哲学领域的思索促使他展开了中西文化冲突的研究,形成文章《东西方基本理念的反差》(*Reflections on the Basic Ideas of East and West*),1935年由华文学院出版。这本书目前没有中译本,英文版保存在克莱蒙大学图书馆的特别典藏图书中。

5.2　华文学院培养的美国汉学家

　　华文学院自1910年成立到1949年最终停办,一共存在了40年。在这近半个世纪里,辗转办学,从初创到发展,从发展到成熟,完成了教育转型,成功地建立起学院化的中国研究中心。从历史档案中记载的入学人数来考察,华文学院一共培养学生近2500人。在这些学生中,有一部分成为美国著名的中国学家,构成20世纪后半期美国中国学领域的中流砥柱。

5.2.1　费正清(**John K. Fairbank**):"中国学之父"

　　具有西方"中国学之父"美誉的美国著名中国问题研究专家费正清,第一次来华就与华文学院结下了深厚的情缘。华文学院与费正清日后在中国学方面所取得的成就之间存在何种程度的关联尚且无从考证,但是,在费正清的回忆录《费正清自传》(*Chinabound:A Fifty Year Memoir*)中,他对这一段经历作了记录。其中一点是可以肯定的——华文学院是费正清在中国的第一站,这也开启了费正清对中国历史文化研究的第一页。

费正清,1907 年出生于美国南达科他州(South Dakota),父亲是一位律师,母亲是妇女权力运动的倡导者和积极的社会活动家。1927 年,费正清进入哈佛大学读书(1925 年在威斯康星大学麦迪逊分校读书,后转入哈佛大学),这时的费正清并没有确立中国问题研究的方向,此时的哈佛也没有专门的东亚研究系,他主要学习的领域包括历史、哲学政治、艺术、经济和希腊语。1929 年,费正清获得"罗德奖学金"①前往英国牛津大学求学,进行东亚研究,此时的费正清并不具有汉语基础和关于中国的知识。他完成了硕士论文之后,于 1931 年开始攻读博士学位。在牛津两年的学习深深地奠定了费正清从事中国问题研究的基础,他从中美关系和外交的基点出发,开始关注现代中国问题。费正清意识到做中国问题研究还是要植根于中国本土,在对中国的语言文化、历史、风俗等等有了深刻理解的前提下,才可能提及对一个国家进行研究。而此时的牛津大学并没有相应的中国研究学术团队和汉语课程,于是,费正清向罗德奖学金委员会提出申请,罗德奖学金委员会批准了费正清的请求,他成为第一位在远东地区做研究的罗德奖学金学者。1931 年夏天,费正清启程来到中国北京,他第一站就来到

---

① 罗德奖学金(Rhodes Scholarships),也译为罗兹奖学金或罗氏奖学金,是英国大学历史最长并且也是声誉最高的奖学金,是塞西尔·罗兹先生自 1902 年创设的奖学金。

华文学院开始学习中文。在费正清的回忆录中是这样记述的:"华语学校①的棕色楼群就好像是用直升飞机突然从加利福尼亚运到北京来似的,像其他座落在这古老的京都散发着现代气息的学校、学院、旅馆和医院一样,这座三层大楼高高屹立在一群灰色的平房之中。在这建筑群的中央有一个网球场……就在这个网球场上我们结识了一个英俊的年轻人,名叫劳伦斯·马丁·威尔伯(韦慕庭)(Clarence Martin Wilbur),还有甚至比他更俊气的妻子凯。韦慕庭后来成为哥伦比亚大学的中国历史教授……这所语言学院的校长是裴德士,他那光溜溜的秃顶让人感到他是一个极富才智的人。他执掌着学校的大权,努力使学校适应新的时代。不久前他把华北协和华语学校改组成为一所华文学校,不仅教授语言,而且讲授更深的知识。经他努力,该学校归属于一所美国国内的实体,他赋予它一个美国化的名字——中国加利福尼亚大学……这所语言学校就像是一个旅途中的中转站,一个空气阀,在里面人们可以为未来更充分地做好沉浸到中国文化海洋中去的准备……"②

华文学院一年的学习给费正清的记忆里留下了深刻的印记,就像他回忆中所说的那样,华文学院为他"做好了更充分的沉浸到中国文化中的准备",这是费正清成为伟大的中国学家的起点。

在华文学院学习之后,费正清和妻子费慰梅开始了对中国的考察。同时,费正清在清华大学任教,担任经济史讲师,并师从蒋廷黻先生。在华期间,费正清学习了汉语,也深入到中国主要地区了解中国的风俗文化和民风,在中国四年多的时间,奠定了费正清

---

① 华文学院的别名。
② 费正清:《费正清自传》,天津人民出版社1982年版,第47、48页。

的学术研究方向和知识基础。在华期间,费正清与很多中国著名的学者结下了深厚的友谊。他结识了时任北京大学校长的胡适、北平社会研究所所长陶孟和、中国地质调查所研究员丁文江等人,并与建筑学家梁思成、林徽因夫妇、哲学家金岳霖、政治家钱端升和物理学家周培源等结为好友。这些友人对费正清理解中国有很多的帮助。1935年,费正清离开中国回到牛津。1936年,他通过学位论文,题为《中国海关的起源》,获得博士学位。这就是后来经过修改和补充后出版的《中国沿海的贸易与外交:1842—1854年通商口岸的开埠》。获得博士学位之后,费正清到美国哈佛大学历史系任教,并与美国的一位日本问题专家赖肖尔(Edwin O. Reischauer)一起,于1939年开始在哈佛开设"东亚文明"课程。1941年,费正清被调到华盛顿美国情报协调局工作,在此期间费正清开始以情报为主的中国问题研究,创立了以地区研究为标志的中国学。在美国情报协调局工作期间,他两度来华。1942年9月到1943年12月费正清被派往中国,这是他第二次来到中国,与第一次来华的纯学术目的不同,此次来华,费正清担任美国战略情报官员,并兼任美国国务院文化关系司对华关系处官员和美国驻华大使特别助理。1945年10月到1946年7月,费正清第三次来华,时任美国新闻署驻华分署主任。第二次世界大战结束之后,费正清重返哈佛大学任教。费正清从学术性中国学到政治性中国学的研究历程,不仅体现在他的工作岗位的变化,更体现在他的学术思想的转变,所以费正清有"两栖人"的称号。他既代表了美国中国学的顶尖学人,又存有政治家和外交评论家的"官学"色彩。然而不难发现费正清的两面性不是主观的,它是客观的历史性选择。正可谓时势造就了费正清的学术基调。他既要秉承学术的忠诚,又要竭力为美国的国家利益和政治服务。返回哈佛任教后,费正清于 1955 年在福特基金的支持下创办了东亚问题研究中心,并担任中心主任至 1973 年。费正清退休之后,东亚问题研究中心正式更名为"费正清东亚研究中心"。

费正清不仅在现代中国学的建立上留下了丰功伟绩,他一生也是著述颇丰,主要著作包括:

《美国与中国》(*The United States and China*)

《中国共产主义运动史文献资料》(*Modern China：A Bibliographical Guide to Chinese Works*,1898-1937)

《清代文献》(*Ch' ing Documents：An Introductory Syllabus*)

《中国沿海贸易与外交：1842—1854 年通商口岸的开埠》(*Trade and Diplomacy on the China Coast：The Opening of the Treaty Ports 1842-1854*)

《日本对近代中国的研究：关于 19、20 世纪的历史与社会科学研究书目摘要》(*Japanese Studies of Modern China：A Bibliographical Guide to Historical and Social Science Research on the 19th and 20th Centuries*)

《中国的思想与制度》(*Chinese Thought and Institutions*)

《东亚：悠久的传统》(*East Asia：The Great Tradition*)

《清代行政机构研究三种》(*Ch' ing Administration：Three Studies*)

《中国：人民的中华帝国与美利坚合众国》(*China：The People's Middle Kingdom and the U. S. A*)

《中国人的秩序观：传统中国的对外关系》(*The Chinese Order：Traditional China's Foreign Relations*)

《东亚：传统与变革》(*East Asia：Tradition and Transformation*)

《中国的战略战术》(*Chinese Ways in Warfare*)

《中国印象：中美关系中的形象与政策》(*China Perceived：Images and Policies in Chinese-American Relations*)

《中美相互影响：历史概论》(*Chinese-American Interactions：A Historical Summary*)

《1953年以来日本对近代中国的研究》(*Japanese Studies of Modern China Since* 1953)

《中国：传统与变革》(*China：Tradition and Transformation*)

《剑桥中国史》(*The Cambridge History of China*)

《费正清自传》(*Chinabound：A Fifty-Year Memoir*)

《伟大的中国革命（1800—1985）》(*The Great Chinese Revolution* 1800–1985)

费正清及哈佛东亚问题研究中心也为美国培养了大批中国问题专家。回顾"中国学之父"费正清的一生，我们在为其博学而深邃慨叹之余，也不免感叹华文学院在成就一位"中国学之父"的过程中功不可没。费正清是华文学院毕业生中最闪亮的名字。

5.2.2　约瑟夫·华伦·史迪威(Joseph Warren Stilwell)：华文学院的第一位军官生

美国著名陆军四星上将史迪威将军，1883年3月出生于美国佛罗里达州的帕拉特卡，卒于1946年10月。史迪威毕业于美国陆军军官学校（西点军校 The United States Military Academy at West Point），后在西点军校任教，也曾在美国最高国防学院指挥及参谋学院学习。1911年，他赴菲律宾步兵团服役。1918年，赴法国参加第一次世界大战，在美国远征军总司令部和第四军担任情报工作。

史迪威与中国有着不解之缘。1911年11月，史迪威来到中国,他游历了上海、厦门、广州、香港等地,这是他生平第一次来到中国。九年之后,在完成了加利福尼亚大学伯克利分校的汉语学习之后,史迪威于 1920 年 8 月第二次来华,担任驻华语言军官。也正是在史迪威第二次来华之际,他与华文学院及院长裴德士结缘,成为一生的挚友。而这一结识不仅成就了史迪威的事业,史迪威将军也为华文学院在战乱中的转移提供了最有力的保障。

从第一次世界大战战场上归来,史迪威的生命里经历了一次决定性的转折,他生来就不是等待命运安排的人,离开法国战场,史迪威到华盛顿拜访了他的同窗好友、时任陆军部人事局军官昌西·芬顿,恰巧军事情报处正在考虑派军官到中国接受语言训练,史迪威对语言和情报业务都很精通,成为最佳人选。1919 年 8 月,史迪威携妻子、女儿来到加利福尼亚大学伯克利分校,开始长达一年的中文学习。不到一个月,他就决定向军事情报处申请到中国去学习,因为他觉得伯克利的学习强度不够,语言环境匮乏,只有置身中国才能真正学习掌握语言和文化。1920 年 8 月 5 日,史迪威和另外一位军官霍斯福尔被派往中国学习。当时的美军语言教官都在华文学院学习汉语,"这所学校创建于 1910 年,先是传教士,以后扩大到包括在中国工作的外国顾问和商人以及其他想学汉语的人……用的是直接教学法,训练学生听力,以求速成……史迪威还参加有关中国历史、宗教、经济、时事的讨论或讲座。这位语言军官学完第一年以后,又增加了一些技术和军事词语学习。旅行也是语言军官职责的一部分,通过旅行进一步熟悉这个国家,也为了执行武官的调查任务。他必须参加年度考试,在三至四年之后,应该认得 3000 个单字,同时讲得一口流利的汉语。"这就是史迪威与华文学院最初结缘。他在这里学习了两年的汉语和中国文化,为他成为一名合格的美国情报军官和日后指挥第二次世界大战的中国战场埋下伏笔。然而,更值得关注的是,华文学院历史上的第一位军官学员,与院长裴德士结下了深厚的师生情意和友情,史迪威在第二次世界大战中为华文学院的搬迁作出了非常大的努力,而且,也为华文学院战时军官学校的成立献计献策(第四章战时军官学校部分详细论述)。1939 年,史迪威协助裴德士将25 箱中文教学资料运往美国,这时日本已经占领北平。1940 年,史迪威被华文学院和"加州大学在中国"研究院共同授予"荣誉博士"学位。当 20 世纪 40 年代初,裴德士在美国四处呼吁建立华文学院战时庇护学院时,史迪威将军又给与大力支持。经过多年,史迪威以及他的部下都在华文学院受训,并成为精通中国语言文化的优秀将领。

笔者在整理华文学院的档案时,发现资料中大量保存着裴德士院长与史迪威将军的往来通信,他们是多年的好友和师生关系。信中也记载了关于华文学院迁校的内幕,以及第二次世界大战期间中美关系、亚洲战场等内容,还涉及史迪威将军和蒋介石之间的一些纠葛。这部分信件已经由美国加州克莱蒙大学研究院的里根教授整理出版。

5.2.3　韦慕庭(**Martin Clarence Wilbur**):华文学院的学生和教师

在费正清的回忆录中记述到"就在这个网球场上(华文学院的网球场)我们结识了一个英俊的年轻人,名叫劳伦斯·马丁·威尔伯(韦慕庭)(Clarence Martin Wilbur),还有甚至比他更俊气的妻子凯。韦慕庭后来成为哥伦比亚大学的中国历史教授……"①费正

---

① 费正清:《费正清自传》,天津人民出版社 1982 年版,第 48 页。

清和韦慕庭这两位美国历史上著名的中国学家,当年便是华文学院的两名学生。韦慕庭(1908—1997),1931年毕业于奥柏林学院,1933年入哥伦比亚大学读书,1941年获得哥伦比亚大学的博士学位。韦慕庭于1932年来到中国北京,入华文学院学习汉语。他在中国社会研究方面很有造诣,是中国社会研究方面的先驱。韦慕庭在1934年写成《中国的乡村政府》(*Village Government in China*,1934),并于1943年完成《前汉时代中国的奴隶制》(*Slavery in China during the Former Han Dynasty*,1943)。韦慕庭的著作《我生命中的中国:一个历史学家自己的历史》(*China in My Life:An Historian's Own History*,1996)中这样描述,"我在这里结识了一些新的朋友。John DeFrancis来到北京,只是他全球行程的一个部分。他喜爱北京,于是就在华文学院里住下了。不久之后,他居然成为汉语方面的权威人士。自从那时我们成为很要好的朋友……美国中国学在战前的发展,主要是源于20世纪30年代这批在京的中国学家,我认识其中的大多数……我曾向裴德士校长请求,一边在学院学习一边授课,他却明确地答复我,说由于我只是哥伦比亚大学的硕士,所以并没有资格在这里任教。"

韦慕庭的著作还有,《孙中山:壮志未酬的爱国者》(*Sun Yat-Sen:Frustrated Patriot*);《中国国民革命(1923—1928)》(*The Nationalist Revolution in China*,1923-1928,1984);《我生命中的中国:一个历史学家自己的历史》(*China in My Life:An Historian's Own History*,1996)

《关于共产主义、民族主义及在华苏联顾问的文件(1918—1927):1927年北京警察局搜获的俄国使馆密件》(*Documents on Communism,Nationalism,and Soviet Advisers in China*,1918-1927:Papers Seized in the 1927 Peking raid,1956)(与夏连荫(Julie Lienying How）合编）。韦慕庭还是哥伦比亚大学张学良口述史学的主要策划人。因为韦慕庭1918年生平第一次随父亲来到中国时，就与东北军阀张作霖之子张学良为儿时友人。当1991年张学良解禁后到美国访友，便与已经从哥伦比亚大学退休的故友韦慕庭异国相逢，韦慕庭大胆地提出要对张学良做口述史学，经张学良同意后，哥伦比亚大学开始筹备。经过三年多的采访和三年多的整理，这部张学良口述史学于1996年解密，令人惋惜的是，韦慕庭在这部口述史学问世前不久与世长辞。[①]

5.2.4 恒安石（Arthur William Hummel，Jr.）：第二任美国驻中华人民共和国大使

美国著名中国学家、历史学家、美国国会图书馆亚洲部的第一位主任恒慕义之子恒安石，1920年出生于中国山西省汾阳县。20世纪初期，恒安石的父母随海外传教事业来到中国，恒慕义在汾阳的一所教会学校担任校长，这就是"铭义中学"。1923年，恒慕义应华文学院的邀请来北京任教，三岁的恒安石也一同来到北京。1928年，恒安石随父母回到美国，恒慕义开始在国会图书馆的工作，而恒安石青年时代的学业问题也时常让父母操心，因为他生性好动、调皮。1940年，恒慕义说服恒安石再次回到中国，而这一次深深地触动了恒安石。他开始在父亲当年任教的华文学院潜心学习，为了养活自己，他还在北京的辅仁男中担任英语教师。战争没有让恒安石退却，他一直在华文学院里学习语言和文化，直至"珍珠港事件"之后。恒安石曾被日军作为"敌国留民"拘留，他被送

① 窦英泰：《张学良口述历史的形成经过》，《炎黄春秋》2003年第1期，第67页。

往山东省潍县的拘留营。1944 年 5 月,他逃出拘留营,加入一支抗日游击队。恒安石的在华经历可谓离奇,他与中国的渊源颇深,可以说中国是恒安石的第二故乡。日本投降后,恒安石在中国又生活了一年,在联合国善后救济总署工作,他也开始考察中国各地的战后情况。1946 年恒安石回到美国。

回国后不久,恒安石进入芝加哥大学就读研究生,1949 年获得中文专业的硕士学位。1950 年,恒安石通过国务院的外交官考试,开始了他 35 年的外交生涯。1952—1955 年,他担任驻香港总领事馆的新闻官。1955—1957 年,出任驻日本大使馆新闻官。1957—1960 年,任缅甸仰光新闻官。1960—1980 年,他担任过"美国之音"副台长,国务院文化教育事务助理国务卿帮办,在台北任"临时代办",南太平洋托管领土谈判代表,驻埃塞俄比亚大使。1975 年,他被召回国,任东亚事务的助理国务卿。1976 年卡特总统上台后,他被任命为驻巴基斯坦大使。1981—1985 年,恒安石任美国第二任驻华大使。恒安石能够出任美国驻华大使,与他早年的在华经历有关,也与他多年从事外交工作的经验有关,更与华文学院为他打下的对中国历史文化了解的深刻烙印有关。前中国驻美大使李道豫在评价恒安石时说,他作风强悍,但对中美关系作出了相当积极的贡献。即便是他退休后也在为中美关系作好事。

华文学院给恒安石的外交生涯奠定了知识基础,恒安石不仅是个地地道道的中国通,更是实践领域的中国学家,他出任美国驻华大使期间为中美关系作出过积极贡献。恒安石在 20 世纪 80 年代退休,退休以后,仍然非常关心中美关系的发展。他曾说,他对中国的感情是很亲切的,有机会就会去看看中国,一般一年去一次。他说:"我很理解中国人民面临的问题。有些美国人确实想阻止中国的发展和强大。可是这是不可能实现的,这种想法不但是错误的,而且也是做不到的。"①

5.2.5　兰登·华尔纳(Langdon Warner):颇受争议的中国学家

兰登·华尔纳(1881—1955)是美国哈佛大学著名教授,他是梁思成 1927 年在哈佛大学攻读博士学位期间的博士生导师。兰登·华尔纳 1903 年毕业于哈佛大学,曾于 1906 年留学日本,专攻佛教美术。1910 年又在朝鲜和日本调查佛教美术。兰登·华尔纳凭借着对佛教艺术和东亚文化的了解和认知,1913 年在哈佛大学开设了东方艺术课程。兰登·华尔纳曾经与一些中国美术专家和中国学家有过亲密接触,并且也参观过巴黎、伦敦、柏林等地的中国文物,于是他产生了对中国西域文化艺术的浓厚兴趣。他曾先后两次组织考察团来华,在西北考察敦煌艺术。兰登·华尔纳曾在美国哈佛大学福格艺术博物馆(Fogg Museum of Harvard University)东方部担任主任,任职期间,他为博物馆作出了较为突出的贡献。然而,我们又不得不说他是一个备受争议的中国学家,一方面,兰登·华尔纳的中国研究,尤其是在中国古代敦煌艺术研究领域有着很深的造诣。可是另一方面,兰登·华尔纳两度来华考察敦煌壁画期间,大量盗取敦煌壁画。对于中国人来说兰登·华尔纳是一个地地道道的"强盗"。对于美国人来讲,他是一个将其一生献给中华古典艺术研究的中国学家。

兰登·华尔纳也是华文学院的学生,他早年来华在华文学院学习中文和中国的历史文化。他第二次来华考察敦煌文化时还有另外一个重要的任务,就是为哈佛大学寻找一个理想的合作伙伴,

---

① 任毓俊:《美国前驻华大使恒安石》,《环球时报》2001 年第 2 期,第 14 页。

以共同承担霍尔遗产的"海外教育基金"项目,为完成理想中的"大方案"而成立"哈佛燕京学社"。作为华文学院的学生,兰登·华尔纳对于学院的办学宗旨和办学理念十分清楚,他认为华文学院是哈佛大学最为理想的合作伙伴。后来,由于燕京大学的积极活动和介入,最终决定由燕京大学与华文学院合作共同作为哈佛大学的合作对象。这一意向的达成与兰登·华尔纳的积极努力是分不开的。

总的说来,对兰登·华尔纳这个人物必须一分为二地对待,我们既要肯定他的中国研究方面的造诣,同时又必须看到西方列强的邪恶本质。

综上所述,笔者简单地列举了华文学院的几位教授和学生,他们通过在华文学院的教学、访问、学习而为其后来在中国研究领域所取得的辉煌成就奠定了扎实的语言、文化、历史政治等诸多方面的根基。由此也可以看出,华文学院是一个"中国学家的摇篮",而在孕育这些中国学家的过程中,也恰恰反映了华文学院在发展历程上的几个特征,我试做归纳。

第一,关于华文学院教师、学生的变化。1910年,华文学院正式成立,起初华文学院的英文名称是"China Union Language School"中文译名为"华北协和汉语学校",学校的教师主要是由在华多年,并精通汉语的老传教士组成,其主要任务是为来华传教的传教士教授中文。学生即为西方传教人员和神职人员。到了20世纪20年代末,尤其是从30年代,华文学院开始和美国加州大学合作以来,华文学院的师生组成结构发生了重大的变化。有来自美国著名大学的教授和访问学者组成的高素质的教师队伍,只有具有硕士以上学位的人员才有资格在华文学院任教。学生的成分不再单一集中于传教士,有大量的外交官、政客、商人、学者加入。尤其是学者和大学学生,他们来到华文学院有目的地进行中国问题研究,这是美国中国学"学院化"的一个重要标志,对中国问题的学习和研究已经由一种自发行为变成一种有目的有意识的行为。

第二,以华文学院为平台,铸就了一批中国学家。华文学院在20世纪三四十年代为美国培养了一批中国学学者,他们在60年代成为美国中国学的中流砥柱。华文学院的学者和学生背景各有不同,有专门从事中国经济研究的,如:阿瑟·孔斯。有从事历史研究的,如:费正清、富路特。有从事军事领域研究的官员,也有艺术研究领域的专家,还有外交官员,如:约瑟夫·华伦·史迪威、兰登·华尔纳、恒安石,他们和在华文学院学习,返回美国继续从事中国研究、教学、实践。一些教授和访问学者,完成在华文学院的学习之后,回到美国开始独立的中国研究,一些教授回到美国的高校开始效仿华文学院的模式建立中国研究中心或东亚研究中心。他们成为学院化中国学的推广者。

第三,华文学院成为中外学人交流的特殊平台。华文学院在20世纪上半叶不仅是大量美国及西方学者学习中国文化的窗口,也是中国学人广泛传播中国文化和接触世界的地方。裴德士校长一直本着从本土文化入手的原则,他大量聘请中国的资深学者来华文学院讲学,像冯友兰、胡适、梁启超、林语堂、徐志摩、周作人、赵元任、梁漱溟等,他们都是华文学院讲坛上的座上客。裴德士院长还邀请梅兰芳的老师来到学院给学生讲学。华文学院是中外学人共同构建的一个中国文化中心。在华文学院的档案里没有十分翔实的关于中国教师的资料,作者在华文学院1948年的招生计划中看到了一份中国教师名录:李紫瑜(1919)、章雪楼(1921)、俞公枨(1919)、白泽芳(1921)、王西院(1917)、李云鹏(1947)、墨贺理(1947)、都利华(1947)、于炳熙(1947)、戴鸿章(1947),名字后面的年代表示该教师进入华文学院任教的起始时间。

6 结　语

6.1　华文学院走向终结(1945—1949)

1945 年的中国,乃至整个世界局势都非常复杂。中国人民经过八年艰苦卓绝的浴血奋战,付出巨大的民族牺牲后,要迎来抗日战争的胜利。这时,在中国国内的两个统治力量之间出现了新的纷争。共产党力图避免内战,争取经过和平的道路来建设一个新中国,逐步实现中国的社会政治改革,发展中国的民族经济。如果国民党能接受和平的要求,在和平的条件下同各方面合作进行建设和改革,那么,即便前进的道路会因此更加迂回曲折,斗争会更加复杂,这样做仍然有利于广大人民,这是中国共产党所力主的理念。而国民党蒋介石却继续坚持独裁和内战方针,他依仗军事实力上与共产党之间的差别,凭借美国的大力支持,国民党肆无忌惮地展开了破坏和平的军事行动,内战很快打响。在这样复杂的政治环境下,华文学院在北京恢复其正常教学的计划就充满了挑战。

1940 年,裴德士院长携妻子回到美国本土,他们历经周折最终将华文学院迁回美国本土,落户加州大学伯克利分校,成立"战时庇护学校"。这期间,华文学院承担了美国第二次世界大战期间军官学校的职能,也担负了美国西部中国学的传播使者的责任。从 1940 年到 1945 年,华文学院在伯克利分校走过了四个春秋。第二次世界大战结束后,裴德士院长决定辞去华文学院院长职务,

请求董事会启用年轻的力量,他本人退居幕后担任华文学院的名
誉校长。第二次世界大战结束之后,华文学院董事会积极筹备在
北京恢复华文学院的办学计划。华文学院纽约联合会(North
American Council of the College of Chinese Studies)成为复校计划的
主要倡导者,他们组织会议,联合各大基督教组织和社会团体积极
促成华文学院在京重张旗鼓。战后华文学院的复校计划仅仅维持
了三年,1949 年在中华人民共和国宣布成立前一个月,华文学院
在北京的办学宣告彻底终止。

　　1945 年秋天,华文学院在加州大学伯克利分校四年的教学计
划正式结束,裴德士院长也请求辞职,董事会接受了裴德士院长的
请辞,并于 1946 年正式任命芳亨利(Henry Courtenay Fenn)为新一
任华文学院院长。华文学院驻纽约总部联合会在接受裴德士的辞
职信后,对裴德士院长任职期间所做的功绩做出了高度的评价:

　　"在此,裴德士院长作为华文学院在中国北京的名誉校长,我
们联合会愿意就其历史性功绩做出如下说明。1916 年,裴德士被
任命为华文学院院长,那时的华文学院还是一个襁褓里的婴儿,没
有教材书籍、没有足够的师资力量、没有一个现行可持续的教学计
划、没有固定的教学场所。就在早年,面对众多令人沮丧的情况
时,他毅然决然地坚持办学,坚持其清晰的教学理念,最终取得了
华文学院辉煌的成绩。虽然我们无法逐一穷尽裴德士院长的功
劳,但是,有一些最具代表性的贡献我们必须加以说明:

　　1.确立华文学院发展中明确的教学概念,即为学生提供汉语
听说学习的训练,为培养学生正确认知中国文化服务。

　　2.组建了一支强有力的教师队伍。

　　3.全面发展华文学院,把它建设为中国研究中心。

　　4.建立起一座汇聚中、英文图书的研究型图书馆。

5. 广泛集资建造起华文学院独立的校园。

裴德士院长的夫人也参与了裴德士院长的工作。裴德士院长是一位备受敬仰和具有影响力的美国人,他是一个不断创新进取、充满想象力、具有卓越领导才能、获得无限爱戴的人物。他的聪明才智体现在他唤醒了美国人对中国的认识和兴趣,尤其是在加利福尼亚州的大学里,他使中国学成为一种时尚。"①

著名汉学家芳泰瑞之子芳亨利也是美国著名汉学家,他在北京出生,随从父母亲在北京长大。芳亨利早年就读于华文学院,后在耶鲁大学中文系任教授。1946 年,裴德士辞去华文学院院长职务以后,芳亨利被任命为华文学院校长,顶替裴德士校长的工作。"北美联合会正式任命芳亨利为华文学院院长,他将在一周内被安排与董事会成员见面。"(Minutes of the College, May 24, 1946, Archives of the Natioanl Council of the Churches of Christ in the United States. Presbyterian Society, Philadelphia) 为了实现华文学院在北京的复校计划,联合会于 1945 年年底通过了一项计划案:

1. 战后派往中国的传教士必须在耶鲁大学或者加州大学伯克利分校进行最少四个月的汉语培训。

2. 到达中国的传教人员必须在华文学院完成至少一年的语言和文化的学习。

3. 华文学院开设一个为期两年的语言文化课程,同时也为初学者提供为期四个月的汉语课程。

4. 华文学院为基督教服务,同时代表着研究中国问题的最高

---

① Northe America Council Resolution, Dec. 4, 1945, Archives of the National Council of the Churches of Christ in the United States, Presbyterian Historical Society, Philadelphia.

学术机构。

5.应该选派两位主要领导人,一位负责行政,一位负责教学。①

1946 年,裴德士在中国北京游历半年,他同芳亨利一同召开董事会推进华文学院的在京复校工作。新任校长芳亨利经过一段时间的考察返回美国,向纽约总部联合会做了一个华文学院当前形势的报告,报告中涉及了学院财政方面的需求,学校将积极争取洛克菲勒基金会的资助。

1946 年 10 月,华文学院迎来了复校后的第一个学期,然而,学校的运行却是笼罩在第二次世界大战后的阴云和中国国内战争的动荡之中。为了壮大华文学院复校后的教学实力,在纽约华文学院联合会工作的富路特(Luther Carrington Goodrich)前往华文学院开设一个学期的讲座。在第五章中已经详述了富路特在中国学上的贡献和造诣,他曾于 1937 年和 1946 年两度来到华文学院担任教授。富路特的一位同人曾经这样描述他:"富路特是一位学识精深的历史学家,他对物质文化、欧美文化差异、中国古代历史都有广泛的兴趣……富路特为人诚恳、宽容,在中国学项目中富有领导力,他也被海内外誉为美国中国学的创始人之一。"②

在中国的解放战争接近尾声之时,美国政府已经看清共产党的胜利势头,他们开始陆续让在华学生撤离中国。到 1948 年 11 月,华文学院在册学生 125 名,只剩下 25 人继续坚持在校学习。

---

① Minutes of the Council, November 23, 1945, Archives of the National Council of the Churches of Christ in the United States, Presbyterian Historical Society, Philadelphia.

② Bary, East Asia Studies at Columbia: The Early Years, www. edu/cu/alumni/Magazine/spring2002/Asian Studies. html

　　当共产党的军队进驻北京之后,华文学院院长芳亨利于 1948 年
12 月 14 日离开北京,经上海返回美国。沙博理(Sidney Shapiro)①
曾经在他的著作《An American in China》中对芳亨利进行过这样的
描述:"我记得华文学院的很多老师是我在耶鲁大学时的教授,我
来到华文学院时,很多老师和学生都已经离开了。只有校长芳亨
利留在那里,等待学校关闭的那一天。我和他说想在学校里租一
间房间,他说如果我愿意照看这个校园的话,我可以随意住在哪一
间房子里。我婉言拒绝了他,因为我自己的计划还没有确定,所以
也无法接受看管校园的重托,但是我可以帮助找到一个专门的看
管。后来,正如我承诺的那样,我为华文学院找到一个专门看守校
园的人,然后,我们全家人在北京另外租到一套房子,而这时芳亨

---

　　①　Sidney Shapiro,其中文名取"博学明理"之意。男,中国籍犹太人,1915 年
生于美国纽约,毕业于圣约翰大学法律系。第二次世界大战期间加入美国陆军服
役,成为一名高射炮士兵。美国由于时局的需要,决定培养一批军人学习世界语
言,沙博理被派去学中文和中国的历史文化。退伍后沙博理利用退伍津贴进入哥
伦比亚大学学习中文和中国历史文化,后转到耶鲁大学继续学习。1951 年在对外
文化联络局工作,1954 年后在外文出版局人民画报社任职。专家、全国政协委员、
宋庆龄基金会理事。1952 年开始发表译作,翻译了 20 多部中国文学作品。译英
著作有《新儿女英雄传》、《水浒传》、《家》、《春蚕》、《李有才板话》、《保卫延安》、
《创业史》、《林海雪原》、《月芽》、《小城春秋》、《孙犁小说选》、《邓小平》等。著有
《我的中国》、《四川的经济改革》、《中国封建社会的刑法》、《中国学者研究古代中
国的犹太人》、《马海德传》等。由于夫人凤子的关系,他还拍过三部电影《停战以
后》、《长空雄鹰》、《西安事变》。第二次世界大战后期退伍后,拿着军队给的 500
美金,坐了 1 个月的货船来到上海,之前他在美国只学了 9 个月的中文。沙博理
刚来中国就结识了上海著名演员凤子,第二年两人结为夫妇,在那个"跨国婚姻"
还很少见的年代,他们共同演绎了一段传奇的爱情故事。也正因为这段爱情,让
沙博理永远留在了中国。1963 年由周恩来总理批准加入中国国籍,是当时第一批
加入中国国籍的外国人。他的一生经历了我国解放战争、"文化大革命"、改革开
放等历史大事件。

利校长已经回到美国了。"①

在芳亨利校长返回美国之后的数月里,华文学院的一切教学活动都停止了。华文学院的一位教学主任 Mr. Trevor Bowen 私下请沙博理帮助看管华文学院的校园,不久,Mr. Trevor Bowen 也返回美国,纽约总部联合会派 Mr. Emil Alexics 为专门学校看管来照顾学校所留在中国的财产,这部分资料是根据芳亨利在 1950 年的报告中获得:"Mr. Trevor Bowen 请沙博理先生照顾学校,沙先生于1948 年 12 月到 1949 年 7 月一直都住在校园里帮助照管学校。后来,Mr. Emil Alexics 接替了沙博理的工作。"②

1950 年,中国政府下令要求所有在华外国机构必须在华注册。1950—1952 年期间,Mr. Emil Alexics 与美国总部方面反复交涉,通过档案资料的记述表明:1948 年 12 月,芳亨利校长离开中国。到 1950 年 2 月,中国政府提出要购买华文学院的校园(这是 Mr. Emil Alexics 与美国总部联合会通信中的记录),华文学院董事会也曾对校园做出过 250000 美元的估价,但是,芳亨利校长也在书信中明确表示过对出售华文学院校园给中国政府毫无兴趣,他宁可延长出租期限。在 1950 年的一封 Alexics 与纽约联合会的通信中写到:"1950 年 4 月 19 日北美联合会大会上反复讨论了关于出售华文学院校园的议案,联合会认为目前出售它并不明智。我们希望基督教在中国可以继续传播下去。在广泛讨论之后,联合会如下表决:华文学院北美联合会决定不出售华文学院北京校址及其一切配套设施,同时要对其加以保护。"(Cross Letter, June 22,

---

①　Sidney Shapiro,. An American in China, 1949. 58.

②　Fenn Report, April 19, 1950, Archives of the National Council of the Churches of Christ in the United States, Presbyterian Historical Society, Philadelphia.

1959, Archives of the National Council of the Churches of Christ in the United States, Presbyterian Historical)

　　在整理档案时,作者发现了华文学院与中央人民政府文化部 (文化部早期名称)之间签署的三份关于北京校址使用的协议。 第一份协议是 1949 年 7 月 31 日签署的,内容包括:

　　1. 华文学院的校舍及其配套设施租给文化部使用,自 1949 年 8 月 1 日起一年,如需继续租用要在租用双方愿意的前提下进一步商议。

　　2. 承租方无须交付租金,但要每月交付八袋白面以供学校的八位工人生活,另外承租方需要交付水电费及维护校园的费用。

　　3. 承租方负责在其使用期间正常维护校园,并在归还华文学院校舍时保持校园完好。

　　4. 公共费用,如水费、电费、电话费、政府税收在此期间均由承租方负责。

　　5. 协议的中心是秉承信任和相互理解,如果有任何问题将由双方协商解决。

　　6. 合同以中文文本为主,英文文本为辅。

　　(签名:华文学院 Trevor Bowen, Honorary Treasurer　中央人民政府文化部陈恭夏)①

　　第二份协议签署于 1950 年 3 月 20 日:

　　1. 华文学院愿意将其在北京的校址租给承租方,承租方有权使用华文学院的全部建筑和操场等设施,包括华文学院的图书馆,但是无权使用主楼一层东南侧两间办公室。租用时间自 1950 年

---

　　①　Archives of the National Council of the Churches of Christ in the United States, Presbyterian Historical Society, Philadelphia.

4 月 1 日起到 1951 年 7 月 31 日止共一年零四个月。如需续约在双方自愿情况下进一步商议。

2.承租方在使用期间无须缴纳租金,但承租方需要每周提供 1000 斤粟作为工人的工资,另外承租方要交付校园维护所需要的费用。承租方还有负责供暖设备和热水系统的维护。

3.承租方负责在其使用期间正常维护校园,并在归还华文学院校舍时保持校园完好。

4.公共费用,如水费、电费、电话费、政府税收在此期间均由承租方负责。

5.协议的中心是秉承信任和相互理解,如果有任何问题将由双方协商解决。

6.合同以中文文本为主,英文文本为辅。

(签名:华文学院 Emil Alexics,the Custodian 中央人民政府文化部张小青)①

第三份协议签署于 1951 年 7 月 31 日

1.华文学院愿意将其在北京的校址租给承租方,承租方有权使用华文学院的全部建筑和操场等设施。租用时间自 1951 年 8 月 1 日起到 1953 年 7 月 31 日止共两年。

2.承租方在使用期间无须缴纳租金,但承租方需要缴纳 4285 斤粟作为华文学院的工人工资每月发放。承租方还有负责供暖设备和热水系统的维护。

3.承租方负责在其使用期间正常维护校园,并在归还华文学院校舍时保持校园完好。

---

① Archives of the National Council of the Churches of Christ in the United States, Presbyterian Historical Society, Philadelphia.

4.公共费用,如水费、电费、电话费、政府税收在此期间均由承租方负责。

5.协议的中心是秉承信任和相互理解,如果有任何问题将由双方协商解决。

6.合同以中文文本为主,英文文本为辅。

(签名:华文学院 Emil Alexics,the Custodian　中央人民政府文化部 杨建)①

在档案资料中,唯一能够找到的关于美国纽约联合会与中国政府关于如何使用和管理华文学院校舍的资料就基于这三份合同。1953 年以后,中国政府与联合会之间的往来越发疏离,而 Emil Alexics 却始终担当着华文学院的看管,直至 1961 年他离开中国前往澳大利亚,Emil Alexics 的离开,割断了中国政府与华文学院美国联合会之间的联系。而华文学院美国联合会也在 1969 年解体。

这样,华文学院在 1945 年复校后仅仅三年时间走向了最后的终结。我们在惋惜其命运坎坷而短暂的同时,也不能不由衷地赞叹华文学院为美国的中国学史留下过光辉的一页。

6.2　个案研究引发的思考

1.华文学院在美国中国学发展史上的地位和作用

第一,华文学院的发展历史见证了美国中国学由传教士汉学向学院化中国学转变的过程。华文学院从最初的一所专门为传教

---

① Archives of the National Council of the Churches of Christ in the United States,Presbyterian Historical Society,Philadelphia.

士汉语学习服务的华语学校,发展成为享誉世界的中国学中心。华文学院把其在中国本土进行学院化中国学建设的经验带回到美国,影响和帮助美国诸多大学建立和完善了中国学学科建设,华文学院培养了众多优秀的中国学家。

第二,华文学院在美国西部的发展推动了美国西海岸大学和研究机构中国学学科的建立,它是推动中国学学院化的动力。华文学院在第二次世界大战期间迁回美国,作客加州大学伯克利分校,这看似被迫无奈之举的表象之下,却隐藏了在 20 世纪 30 年代美国对于中国研究的呼唤和期待。正是因为美国的学术界向中国学敞开怀抱,才使华文学院在迁回美国后迎来了它发展的“黄金时期”,它更加快推动了美国的高等学府在中国学学科建设上的步伐。

第三,华文学院是 20 世纪上半叶美国最重要的中国研究机构。华文学院拥有当时世界上最大的中国学图书馆,它是美国设在中国的规模最大、最具权威的中国学机构。

第四,华文学院是培养美国中国学家的摇篮。华文学院培养的很多学生,在 20 世纪六七十年代成为美国顶尖的中国学家,像著名的中国学家费正清、恒慕义、恒安石、富路特等是其中典型代表。

2.关于本书的创新与不足

《华文学院研究》是根据华文学院封存半个世纪之久的历史史料而完成的,它再现了华文学院在 20 世纪上半叶作为一所著名的中国学教育中心,为美国现代中国学发展所作出的点点滴滴贡献。文章以史实为依据,力图从宏观勾画出华文学院半个世纪的发展历程,从而展现华文学院在其发展的不同历史时期所凸显的作用。将一份从未在中国公开过的历史资料整理重现是本书的最大的创新,而客观准确地概括这笔巨大的资料是本书的难点,在资料中选取合适的立论观点是本书的重点。笔者认为,本书在创新点上做到了从整体上把握史料,为学术界搭建一座新的资料平台,填补美国现代中国学学术史中的史料空白。然而,由于研究对象资料庞大、内容繁复,资料又全部是英文,档案也存在缺失现象,这都给研究过程带来了重重困难。

本书存在的不足:本书所呈现的内容与史料内容相比十分有限,本书只能在固定的篇幅内,以美国现代中国学演变为主旨来展现华文学院发展史。有待完善和补充的内容空间很大。本书主要以华文学院为主体进行研究,围绕其在中国学领域的贡献基点进行发掘,其实根据史料内容,可以展开的内容极其丰富,例如:史料中涉及第二次世界大战期间国民党与美国的关系、美国眼中的中日关系、基督教对中国的影响、美国学者在中国的发现与贡献等内容。这些内容都是富有可持续研究性。本书只是对一个"点"进行的研究,至于由这一"点"发散到"线"和"面"的工作还有待于今后的研究。

3. 华文学院可持续性研究空间

华文学院的档案资料是一笔丰富而宝贵的史料财富,本篇论文所及的仅仅是这部分资料所展现出的一个重要方面,有待发掘的内容还很多:

(1)为中国近现代史研究提供一个新的视角

这些档案资料翔实地记载了20世纪前50年华文学院在华办学的历史和它在第二次世界大战期间的经历。这些资料不但是华文学院的一部发展史,还记录了20世纪上半叶中国的国际局势、政治力量、国内现状。它是在用第三只眼睛看中国——美国人记录的中国历史。然而,更值得欣慰的是这部分史料记载并不是为了写历史而写历史,这就更加体现了史料的客观性。

材料中包括大量书信资料,这些通信的内容不仅包含了华文学院在战争年代辗转的经历,更值得关注的是它客观地记录了当时的国际国内形势变化,它体现了半殖民地、半封建社会时期西方在华传教运动的高涨,体现了西方基督教与传统儒学的撞击,体现了帝国主义侵略与中华民族独立的愿望之间的碰撞,它还为第二次世界大战时期中美关系、中日关系、日美关系研究提供新的线索。其中,华文学院院长裴德士先生和史迪威将军的私人通信已被整理出版(但尚未翻译成中文)。他们的通信涉及了美国对太平洋地区战事的态度,日本对华战争的分析和整个世界大战走势的预测等方面的内容。书信还就战时美军军官的中国语言文化培训方案进行探讨,美军对于输送到太平洋战场上的军官进行了中国、俄国、朝鲜、越南等国家相应的语言文化的教育,华文学院承担了这项任务,他们为战场输送了大量优秀的军官。通过华文学院这面小镜子映射出一个大的历史时期。

材料中还有大量裴德士院长与燕京大学校长司徒雷登(John Leighton Stuart)的往来通信。这部分信件为哈佛燕京学社成立的历史背景研究提供了更加充足的证据,对燕京大学与华文学院由合作到分裂的那段历史作了较为详细的记录。习惯性思维让人们把哈佛燕京学社理解成哈佛大学和燕京大学合作的产物,事实上,通过对华文学院的档案资料进行研究,我们发现华文学院才是促成哈佛燕京学社成立的主要原因。信件的内容反映了裴德士和司徒雷登两位优秀的美国教育家,在20世纪上半叶对中国教育现代化、美国的宗教事业、中美关系的影响。这部分史料为中国教育史的研究提供了一个新的思考维度和史料证据。史料还涉及了裴德士、华文学院与诺贝尔文学家的获得者赛珍珠(Pearl S. Buck)之间的往来;裴德士与胡适先生的通信;宋美龄访美等相关内容。

（2）填补了美国现代中国学学术史研究的一项空白

如前所述,中国学术界对于美国中国学的研究还处于起步阶段,对这一学术史的建构是一项亟待完成的工作。华文学院史料为美国中国学学术史的研究提供了新的证据:一、华文学院作为美国中国学的教育个案,从其历史发展的脉络上,经历了由美国传教运动盛行时期到第二次世界大战结束整整半个世纪。华文学院由传教士汉语学校转变成美国的中国研究中心,这一具体的过程恰恰体现了美国中国学由传教士汉学向美国现代中国学转变的过程。二、华文学院是20世纪30年代美国在华最重要的中国研究中心,拥有当时世界上最大的中文图书馆,具有一支由中外学人构成的高层次的师资队伍。该学院曾培养过像费正清、恒慕义、恒安石等著名的中国学学者。这样一所重要的学术机构的史料在时隔一个世纪后与世人见面,本身就填补了一项历史空白。三、自20世纪30年代中期开始,华文学院与加利福尼亚州十几所大学合作,不仅迎来了华文学院发展的“黄金时期”,还影响到美国西部众多知名学府现代中国学的学院化发展的进程。华文学院在伯克利办学期间,已经形成了一套非常先进的中国学教学计划,这一课程设置方案完整地保存在档案资料中。这一课程设置不仅体现了20世纪40年代美国现代中国学的学院化进程,也体现了美国现代教育跨学科、跨专业的特质,同时,也为中国学界在汉学、中国学方向研究生的培养提供可借鉴的经验。

加州大学伯克利分校的中国学课程计划里呈现出以下特点:第一,教学内容丰富。这一时期的课程设置在语言和文化教学上都相当成熟。语言教学从语言学理论教学到汉语古今演变的涉猎,再到少数民族语言习得,构成了一个全面而精细的学习系统。

文化学习不局限于中国,而是把视野扩展到中国的周边邻国以及整个东亚及远东地区。这样丰富的课程内容远远超越了汉语学习和中国经典文化学习的阶段,走向了一种复合型教育模式。第二,教学结构合理。加州伯克利对中国学学者的培养,建立在一个稳固的知识构架之上。语言学习是东亚研究、中国研究的第一把钥匙,在语言教学中,开设多国语言课程更体现了教学的完整性和全面性。人类学、政治学、地理、历史的研究是对中国学的深度发掘,这样一个纵横交织的教学模式,把学院化美国中国学家的培养提升到一个新境界。第三,教学主旨明确。学院化中国学又可称为专业中国学,它区别于业余汉学(包括游记汉学和传教士汉学)的主要特点在于它脱离了自发自觉的研究阶段,而发展到了有目的、有计划的研究阶段,而这恰恰与美国实用主义作风不谋而合。美国现代中国学不同于欧洲传统汉学,它的关注点不拘泥于对中国古代经典文籍、文字、历史的研究,而是把中国作为世界舞台上的最重要的政治、经济、文化、军事因素来对待。

(3)为对外汉语教学史研究提供新的史料

华文学院保留下来的历史资料中保存着当时的汉语教材、字典和语法书,保存着该校不同时期的课程设置、教学计划及学位授予记录,这些资料都是国内对外汉语教学研究中尚未公开过的资料。华文学院最初是一所传教士汉语学校,材料中还保存了大量的中文圣歌和一些当时传唱的中文歌曲。在资料的第15只箱子中存有当时使用的中文听力录音,这些音像资料保存在老式的唱片中。可见,20世纪上半叶的美国汉语教学已经开始采用现代化的教学手段。他们当时所采用的教学法与今天的汉语教学法很近似,他们采用的方法被称作"直接教学法"——教学以听、说为先,课程分为大班授课和"一对一"辅导,这种做法一直延用到今天的汉语教学当中。华文学院的教学内容丰富,体现了语言与文化的结合、书本与实践的结合。他们根据实际情况充实课程,例如,根据学生主体的变化,他们设置相应的宗教课程、军事地理课程、历史哲学课程、人类学课程等。而今天的对外汉语教学的教材恰恰应当从中汲取经验。

(4)研究现状

因为这部分史料公开的时间比较短,资料全部保存在美国,所以,目前所取得的研究成果都在美国。加州克莱蒙大学的里根教授带领一支学术团队,将这部分资料进行整理,出版了《裴德士与史迪威的通信》、《裴德士与司徒雷登的通信》、《赛珍珠与三所学校》几本根据史料编辑的文献。另外还有一篇克莱蒙大学研究院张卫江博士的英文博士论文《关于华文学院》。以上的出版物全部为英文资料,尚无中文资料在国内出版。笔者目前正在进行19世纪末20世纪初美国的中国学取向研究,博士论文《美国中国学的教育个案:华文学院(1910—1949)》将很快与读者见面。此文由背景、华文学院的初创、转型、发展、成熟四个时期,以及中美学术外交等六个部分组成。在查阅资料时发现,20世纪30年代美国几位中国学学者(曾就读于华文学院)留下的中国学方面的著作,笔者正在从事这几部书籍的翻译工作:Arthur G Coons(阿瑟库恩)著《国民政府五年财政状况》(*Five Years of National Government Finance*)于1934年4月由 *The Chinese Social and Political Science Review*(中国社会科学杂志)刊载。Arthur G Coons 还著有《中国经济生活中的乐观因素》(*Hopeful Elements in Chinese Economic Life*)由 *China Weekly Review* 上海出版,《中国经济的重建1933—1934》(*Ecnomics Reconstruction in China* 1933-1934),此书藏在中国国家图书馆。Russell M Story(拉塞尔)在1932年3月29日作了题为

《中国目前的形势》演讲,把演讲稿编成小书册被华文学院出版并保留。Ralph T Flewelling(弗卢埃林)作了关于中西文化冲突的研究,形成文章《东西方基本理念的反映》(*Reflections on the Basic Ideas of East and West*),1935 年由华文学院印刷出版。

　　总之,华文学院的历史资料在 21 世纪重新被发现,是中美政治关系和文化交流关系变化的结果,作者对它的研究仅仅是初步的,需要更多的中美学者共同致力于这笔珍贵的文化遗产研究工作。

参 考 文 献
Bibliographical References

Primary Archives

Archives of the California College in China Foundation, Boxes:
1 – 16, Special Collection, Honnold Library, Claremont Colleges,
Claremont, California Archives of the National Council of the Churches
of Christ in the United States, Devisions of Overseas Ministries Records
1914–1972, Record Group No. 8, Series III, Boxes: 28 – 31, Philadel-
phiaPresbyterian Historical Society, Philadelphia Archives of the
United Board for Christian Higher Education in Asia, Record Group
No. 11, Boxes: 7, 8, 9, 10, 11, 12, 18, 19, 37, 40, 42, 46, 68 – 69, 182,
183, 191, 199, 200, 201, 204, 301, 313, 315, 320, 322, 327, 331, 333,
349, 350, 371 – 373, 387, 388, 393 – 394, 418 – 421, 448 – 456; Group
No. 11A, Boxes: 46A, 262A, 374A and 378A; Group No. 11B, Boxes:
8B, 92B, and 106B. Special Collections, Yale Divinity School Library,
Yale University, New Haven, CT. (Note: Only folders in the above
boxes relevant to the College, to the individuals of the College, were
studied.)

General Archives

Administrative Records of Claremont Graduate School, 1940 –

1950, Development Office, Claremont Graduate University, Claremont, California

Archives of the Yale-in-China Foundation, Special Collections, Sterling Library, Yale University, New Haven, CT.

Archives of the United Board for Christian Higher Education in Asia, Record Group No. 11, Microfilm Rolls: 40, 41, 182 – 210, 204, Special Collection, School of Divinity Library, Yale University, new Haven, CT.

Arthur Coons Archives on California College in China Foundation, Special Collections, Occidental College, Los Angeles

Beijing University Archives on College of Chinese Studies, Beijing, China

Beijing University Archives on Yenching School of Chinese Studies, Beijing, China California College in China Archives, Bancroft Library, University of California, Berkeley, Berkeley, California

California College in China Foundation Archives, Special Collections, Occidental College, Los Angeles

CharlesBurton Fahs Archives, Claremont Graduate University, Claremont, California

Chen Shouyi Archives, Boxes: 1 – 10, Asian Studies, Honnold Library, Claremont, California

Documents from and interviews with Pettus family relatives, New York, Stamford, CT

Documents from and interviews with individuals connected with the College, Washington, D. C.

Edward Hume Archives, Special Collections, Sterling Library,

Yale University, New Haven, CT.

James Blaisdell Archives, Special Collections, Honnold Library, Claremont, California

Joseph W. Stilwell Archives, Hoover Institution, Stanford University, California

Oral History of Missionaries in Claremont, Special Collection, Honnold Library, Claremont, California

Pearl S. Buck Archives, Randolph Macon Woman's College, Lynchburg, Virginia

Robert Bernard Archives on California College in China Foundation, Special Collections, Honnold Library, Claremont, California

Society for Oriental Studies Archives, Claremont Graduate University, Claremont, California

Stanton Avery Oral History, Special Collections, Honnold Library, Claremont, California

The North China Union Language School and Yenching School of Chinese Studies, Winston Pettus Archives, Special Collections, Sterling Library, Yale University, New Haven, CT.

Books and Magazines

1. Directory of American Scholar 1940.

2. Who's Who in China 1931, 1940.

3. (1928). Memorial Day For Pomona Tomorrow: Dr. Charles K. Edmunds Will Take Office. Pasadena Star News. Pasadena, California.

4. (1936). Christian Mission in China Year Book 1910–1936.

5. (1940). Biography of Scholars of Republic of China, Taiwan.

6. (1944). Graduate School Confers Degrees, Names Director. Claremont Courier. Claremont, California.

7. (1949). China Year Book, 1911–1948. Taiwan.

8. (1960). Who's Who in America, Chicago, The A. N. Marguis Company.

9. (1962). "Collected Articles in Memory of Hu Shih." Independent Review.

10. Beach, H. P. (1914). The Preparation for Missionaries Appointed to China. New York, Board of Missionary Preparation.

11. Beathy, C. "Seizing the Opportunity." Pomona College Today.

12. Belden, J. (1943). Retreat with Stilwell. New York, Alfred A. Knopf.

13. Bennett, S. R. A. (1993). The Man Who Stayed Behind. New York, Simon & Schuster.

14. Bernard, R. (1982). An Unfinished Dream: A Chronicle of the Group Plan of the Claremont Colleges, Claremont University Center.

15. Boynton, C. L. B. C. D. (1936). 1936 Handbook of the Christian Movement in China Under Protestant Auspices. Shanghai, Kwang Hsueh Publishing House.

16. Buck, P. S. (1930). "Sources of Chinese Novel." The University of Nanking Magazine.

17. Buck, P. S. (1932). The Sources of Chinese Novel. Peking, The North China Union Language School.

18. Buck, P. S. (1939). The Chinese Novel, Nobel Address at Swedish Academy at Stockholm. New York, John Day Company.

19. Burke, J. (1942). My Father in China. New York, Farrar & Rinehart, Inc.

20. Chao, J. T. -e. (1970). A Bibliograph of the History of Christianity in China: A Preliminary Draft.

21. Chou, M. -C. (1984). Hu Shih and Intellectual Choice in Modern China, University of Michigan Press.

22. Conn, P. (1996). Pearl S. Buck, A Cultural Biography.

23. Cressey, G. B. (1945). Educational Problems in China, Bulletin of the American Association of University Professors.

24. Cressy, E. H. (1927). A Study of Christian Higher Education in China. Shanghai, Cjoma Christian Educational Association.

25. Cressy, E. H. (1928). Christian Higher education in China. Shanghai, China Christian Educational Association.

26. Creswell, J. W. (2003). Research Design: Qualitatitive, Quantitative, and Mixed Methods Approaches. Thousand Oaks, CA:, SAGE Publications.

27. Crouch, A. R. (1989), Christianity in China: A Scholar's Guide to Resources in the Libraries an Archives of the United States. Armonk, N. Y., M. E. Sharpe.

28. Doyle, P. A. (1965). Pearl S. Buck 1892 – 1973, Criticism and Interpretations.

29. Eber, I. (1965), Hu Shih, Dissertation, Claremont Graduate School.

30. Education, C. C. E. A. C. O. H. (1927 –   ). A Study in

Christian Higher Education in China by Earl Herbert Cressy. Shang-hai.

31. Education, C. C. E. A. C. O. H. (1928). Correlated Program for Christian Higher Education in China: A Summary of Proposals Prepared by the Council of Higher Education, Shanghai, July, 1928. Shanghai.

32. Edwards, D. W. (1959). Yenching University, United Board for Christian Higher Education in Asia.

33. Ernest C. Moore, R. A. M. , and James A. Blaisdell(1927). In Memory of Seeley Winstersmith Mudd, First Congregational Church, Los Angeles, Californian, November 12, 1926, Los Angeles, Clyde Brown.

34. Ewards, L. (1990). Missionary for Freedom: The Life and Times of Walter Judd. New York, Paragon House.

35. Fairbank, J. K. (1974). The Missionary Enterprise in China and America.

36. Fairbank, J. K. (1979). The United States and China. Cambridge, MA:, Harvard University Press.

37. Fairbank, J. K. (1982). Chinabound: A Fifty-Year Memoir. Cambridge, MA:, Harper & Row, Publishers.

38. Fenn, H. (1950). Report.

39. Fitch, G. A. (1967). My Eighty Years in China. Taipei, Mei Ya Publications.

40. Gamble, S. D. (1988). Sidney D. Gamble's China. Washington, D. C. , Acropolis Books.

41. Gilky, L. (1966). The Shantung Compound. New York,

Harper & Row.

42. Goodrich, L. C. (1943). A Short History of Chinese People. New York:, Harper & Brothers Publishers.

43. Grieder, J. B. (1970). Hus Shih and the Chinese Renaissance, Liberalism in China. Cambridge, MA:, Harvard University Press.

44. Hakim, C. (1987). Research Design: Strategies and Choices in the Design of Social Research. London:, Allen & Unwin.

45. Harding, E. M. Y. H. (1989). Sino-American Relations, 1945-1955: A Joint Reassessment of a Critical Decade. Wilmington, DE:, A Scholarly Resources Imprint.

46. Harris, T. F. Pearl S. Buck in Consultation with P. S. Buck 1969-1971.

47. Hill, M. R. (1993). Archival Strategies and Techniques. Newbury Park, CA:, Sage Publications.

48. Howard, R. D. (2001). Balancing Qualitative and Quantitative Information for Effective Decision Support. San Francisco, CA:, Jossey-Bass.

49. Hsiao, T. E. (1932). The History of Modern Education in China. Peiping, Peking University Press.

50. Hu, S. (1934). The Chinese Renaissance. The University of Chicago.

51. Hu, S. (1942). China, Too, Is Fighting to Defend A Way of Life, Address of Ambassador Hu to the United States, Grabhora Press.

52. Huang, W. W. W. W. C. -h. (1973). The Chinese High Command, A History of Communist Military Politics 1927 - 71. New

York:, Praeger Publishers.

53. Isherwood, W. H. A. A. C. Journey to a War. London, Faber & Faber Limited.

54. Jaeger, R. M. (1988). Complementary Methods for Research in Education. Washington, DC, American Educational Research Education.

55. Joe R. Feagin, A. M. O., and Gideon Sjoberg, Ed. (1991). A Case for the Case Study. Chapel Hill:, The University of North Carolina Press.

56. John Easterbrook, J. O. R., and Weijiang Zhang (2003). Papers Between Dr. William B. Pettus and General Joseph W. Stilwell. Claremont, California, Claremont Graduate University.

57. K. Yin, R. (1993). Applications of Case Study Research. Newbury Park:, SAGE Publications.

58. Kates, G. N. (1998). The Years That Were Fat: Peking, 1933–40. New York:, Oxford University Press.

59. Kennedy, J. J. (1983). Analyzing Qualitative Data: Introductory Log-linear Analysis for Behavioral Research. New York:, Praeger.

60. Krasno, R. (1992). Strangers Always, A Jewish Family in Wartime Shanghai. Berkeley, CA:, Pacific View Press.

61. L. H. B. (1924) The Mandarin.

62. Li, Y. E. (1992). Liang Chi-chao and Hu Shih, Out Sky Press.

63. Liang, C. -t (1972). General Stilwell in China: 1942 – 1944 the Full Story, The St. John's University Press.

64. Liu, H. (1977). Early Sino-American Relation, 1841-1912: The Collected Articles of Earl Swisher. Boulder, CO:, Westview Press.

65. Liu, E. H. (1997). Cultural Relationships: China and the USA, Papers presented at the first conference of former Harvard-Yenching Scholars in China, Shanghai:, Shanghai Foreign Language Education Press.

66. Liu, E. H. (2000). China and the United States at the Turn of the Century. Shanghai:, Shanghai Foreign Education Press.

67. Luke, H. H. -t. (1983) A History of Seventh-Day Adventist Higher Education in China Mission 1888-1982.

68. Luke, H. H. -t. (1983) A History of Seventh-Day Adventist Higher Education in China Mission 1888-1988.

69. Mac Gillivrary, D. (1911). The Chinese Mission Year Book. Shanghai:, Christian Literature Society for China.

70. Marshall Green, J. H. H. & William N. Stokes (1994). War and Peace with China: First-Hand Experiences in the Foreign Service of the United States. Bethesda, MD:, DACOR Press.

71. Masoner, M. (1988). An Audit of the Case Method. New York, Praeger Publishers.

72. Merriam, S. B. (1988). Case Study Research in Education: A Qualitative Approach. San Francisco, CA:, Jossey-Bass.

73. Millikan, R. A. (1950). The Autobiography of Robert A. Millikan. New York, Prentice-Hall, Inc.

74. NCULS(1923). The Peking Mandarin 1922-23.

75. NCULS(1924). The Mandarin.

76. NCULS(1925). The Mandarin.

77. NCULS(1926). The Mandarin.

78. NCULS(1927). The Mandarin.

79. Newman, R. (1992). Owen Lattimorea and the "Loss" of China, Philip E. Lilienthal Book.

80. Newman, R. (1992). Owen Lattimorea and the "Loss" of China, The University of California Press.

81. Ng, E. P. T. -m. (1995). Essays on Historical Archives of Christian Higher Education in China. 80. Hong Kong: , The Chinese U-niversity of Hong Kong.

82. Ng, P. T. M. (2002). Changing Paradigms of Christian Higher Education in China, 1888–1950. Lewiston, N. Y. : , E. Mellen Press.

83. Preston, D. (2000). The Boxer Rebellion. New York: , Walker & Company.

84. R. T. Flewelling(1962). The Forest at Yggdrasills: The Auto-biography of Ralph Tyler Flewelling edited by W. H. Werkmeister, with introduction by Wilbur Long. Los Angeles, University of Southern California.

85. Rea, K. W. (1977). Early Sino-American Relations, 1841–1912, The Collected Articles of Earl Swisher. Boulder, CO: , Westview Press.

86. Rea, J. C. B. K. W. (1981). The Forgotten Ambassador: The Reports of John Leighton Stuart 1946–1949, Westview Press.

87. Rosovsky, H. (1990). The University: An Owner's Manual. New York: , W. W. Norton & Company, Inc.

88. Schrecker, J. E. (1971). Imperialism and Chinese Nationalism. Cambridge, MA: , Harvard University Press.

89. Schultheis, F. D. (1939). "The College of Chinese Studies." The Far Eastern Studies in America.

90. Shapiro, S. (1996). An Ameircan in China, Beijing:, Foreign Languages Press.

91. Shapiro, S. (1997). My China, The Metamorphosis of a Country and a Man. Beijing:, New World Press.

92. Shaw, Y. -m. (1992). An American Missionary in China: John L. Stuart and Chinese-American Relations, Council on East Asian Studies at Harvard University.

93. Steele, A. T. (1966). The American People and China. New York:, McGraw-Hill Book Company.

94. Strauss, A. L. (1990). Basics of Qualitative Research: Grounded Theory Procedures and Techniques. Newbury Park, CA:, Sage Publications.

95. Stuart, J. L. (1954). Fifty Years in China: The Memoirs of John Leighton Stuart. New York:, Random House.

96. Stuart, J. L. (1981). The Forgotten Ambassador: The Reports of John Leighton Stuart, 1946–1949. Boulder, CO:, Westview Press.

97. Sutter, R. G. (1998). U. S. Policy Toward China. Lanham, MD:, Rowman & Littlefield Publishers, Inc.

98. Terzani, T. (1985). Behind the Forbidden Door, Travels in Unknown China. New York:, Henry Holt and Company.

99. Tong, T. -k. (1964). United States Diplomacy in China 1844–60. Seattle:, University of Washington Press.

100. Towl, A. R. (1969). To study Administration by Cases. Boston:, Harvard University.

101. Tuchman, B. W. (1971). Stilwell and the American Experience in China, 1911–1945. New York:, The Macmillan Company.

102. UBCHEA(1934). A Resume of Activities and Plans of the Associated Boards for Christian Colleges in China. March 1934. New York.

103. UBCHEA (1940). An Impressive Service; the Story of the Christian Colleges of China. New York.

104. W. S. R. (1918). North China Union Language School. North China Star. Beijing.

105. Wallace, L. E. (1956). Hwa Nan College: The Woman's College of South China. New York:, United Board for Christian Higher Education in Asia.

106. Wheaton, E. E. (1988). "I Remember Prexy Charles Keyser Edmunds. "Pomona College Today(March).

107. White, T. H. (1948). The Stilwell Papers. W. Sloane Association.

108. Wilbur, C. M. (1996). China in My Life, A Historian's Own History. Almonk:, M. E. Sharpe.

109. Yin, R. K. (1984). Case Study Research: Design and Methods. Beverly Hills, SAGE Publications.

110. Zhang, W. (2001). "The Discovery of Dr. Hu Shi's 36th Honorary Doctor's Degree. "Journal of Beijing Unversity(1).

111. Zhang, W. (2002). "William B. Pettus as Presistent Promoter of Chinese Language and Culture. "Biographical Literature 81(July).

112. Zhang, W. (2002). "William B. Pettus as Presistent

Promoter of Chinese Language and Culture." Biographical
Literature 81.

中文参考文献

1. 薄复礼、张国琦:《一个被扣留的传教士自述》,昆仑出版社
1989 年版。

2. 陈泽平:《19 世纪以来的福州方言》,福建人民出版社 2010
年版。

3. 丁韪良、中国觉醒:《国家地理、历史与炮火硝烟中的变
革》,世界图书出版公司北京公司 2010 年版。

4. 费正清:《费正清对华回忆录》,世界知识出版社 1991
年版。

5. 费正清:《费正清自传》,天津人民出版社 1993 年版。

6. 费正清:《中华民国史:1912—1949》,中国社会科学出版社
1994 年版。

7. 费正清:《美国与中国》,世界知识出版社 1999 年版。

8. 费正清:《伟大的中国革命:1800—1985 年》,世界知识出版
社 2001 年版。

9. 费正清:《中国:传统与变迁:Tradition and transformation》,
世界知识出版社 2002 年版。

10. 费正清:《中国的思想与制度》,世界知识出版社 2008
年版。

11. 费正清:《中华民国史资料丛稿:译稿. 中国之行:五十年
回忆录》,中华书局 1983 年版。

12. 葛兆光:《域外中国学十论》,复旦大学出版社 2002 年版。

13. 顾长声:《传教士与近代中国》,上海人民出版社 1991

年版。

14. 顾长声：《从马礼逊到司徒雷登：来华新教传教士评传》，上海书店出版社 2005 年版。

15. 顾钧：《卫三畏与美国早期汉学费正清》，外语教学与研究出版社 2009 年版。

16. 韩铁：《福特基金会与美国的中国学：1950—1979 年》，中国社会科学出版社 2004 年版。

17. 何培忠：《当代国外中国学研究》，商务印书馆 2006 年版。

18. 何培忠：《当代国外中国研究》，商务印书馆 2006 年版。

19. 侯且岸：《当代美国的"显学"：美国现代中国学研究》，人民出版社 1995 年版。

120. 侯且岸：《当代中国的"显学"：中国现代史学理论与思想新论》，人民出版社 2000 年版。

121. 李雪涛、柳若梅、顾钧：《跨越东西方的思考：世界语境下的中国文化研究》，外语教学与研究出版社 2010 年版。

122. 马礼逊：《马礼逊回忆录》，大象出版社 2008 年版。

123. 米尔恩：《新教在华传教前十年回顾》，大象出版社 2008 年版。

124. 齐小新：《口述历史分析：中国近代史上的美国传教士》，北京大学出版社 2003 年版。

125. 王建平、曾华：《美国战后中国学》，东北大学出版社 2003 年版。

126. 王荣华、黄仁伟：《中国学研究：现状、趋势与意义》，学林出版社 2007 年版。

127. 吴原元：《隔绝对峙时期的美国中国学：1949—1972》，上海辞书出版社 2008 年版。

128. 吴兆路、金伯昀：《中国学研究》，中国书籍出版社 1997 年版。

129. 徐宗泽：《明清间耶稣会士译著提要》，上海书店出版社 2006 年版。

130. 严绍璗：《日本中国学史稿》，学苑出版社 2009 年版。

131. 余三乐：《早期西方传教士与北京》，北京出版社 2001 年版。

132. 张西平、柳若梅：《世界主要国家语言推广政策概览》，外语教学与研究出版社 2008 年版。

133. 张西平、彭仁贤、吴志良：《马礼逊研究文献索引》，大象出版社 2008 年版。

134. 张西平、彭仁贤、吴志良：《马礼逊研究文献索引》，大象出版社 2008 年版。

135. 张西平：《传教士汉学研究》，大象出版社 2005 年版。

136. 张西平：《欧洲早期汉学史：中西文化交流与西方汉学的兴起》，中华书局 2009 年版。

137. 张西平：《世界汉语教育史》，商务印书馆 2009 年版。

138. 中国社会科学院情报研究所：《美国中国学手册》，中国社会科学出版社 1981 年版。

139. 中国文化书院：《中国学导报》，中国文化书院中国学研究资料咨询中心 1987 年版。

140. 朱政惠、许纪霖：《史华慈与中国》，吉林出版集团有限公司 2008 年版。

141. 朱政惠：《海外中国学评论》，上海古籍出版社 2006 年版。

142. 朱政惠：《美国学者论美国中国学》，上海辞书出版社

2009 年版。

143. 朱政惠:《美国中国学史研究:海外中国学探索的理论与实践》,上海古籍出版社 2004 年版。

附　录

华文学院名称更迭表

1910–1924 The Northe China Union Language School, Beijing, "华北协和华语学校"
1924–1928 Yenching School of Chinese Studies, Beijing, "燕京中国学学院"
1929–1932 The North Union Language School cooperating with the California College in China, Beijing, "华北协和华语学校与加州大学在中国"
1932–1941 The College of Chinese cooperating with the California College in China, Beijing, "华文学院与加州大学在中国"
1942–1945 The College of Chinese Studies, "华文学院"
1946–1949 The College of Chinese Studies, "华文学院"

校园全景图

责任编辑:孙　牧　陈鹏鸣

封面设计:周方亚

图书在版编目(CIP)数据

华文学院研究/徐书墨 著. —北京:人民出版社,2012.7

ISBN 978 - 7 - 01 - 010805 - 6

Ⅰ.①华…　Ⅱ.①徐…　Ⅲ.①华文教育-教会学校-研究-美国
②华文教育-教会学校-研究　英国　Ⅳ.①G571.28②G556.18

中国版本图书馆 CIP 数据核字(2012)第 064020 号

华文学院研究

HUAWEN XUEYUAN YANJIU

徐书墨　著

人 民 出 版 社 出版发行

(100706　北京朝阳门内大街166号)

环球印刷(北京)有限公司印刷　新华书店经销

2012 年 7 月第 1 版　2012 年 7 月北京第 1 次印刷

开本:880 毫米×1230 毫米 1/32　印张:5.375

字数:130 千字

ISBN 978 - 7 - 01 - 010805 - 6　定价:15.00 元

邮购地址 100706　北京朝阳门内大街 166 号

人民东方图书销售中心　电话 (010)65250042　65289539